WILL DURANT

哲学家

5
HEROES of PHILOSOPHY

[美] 威尔·杜兰特 著
刘军 译

中信出版集团 | 北京

图书在版编目（CIP）数据

哲学家 / (美) 威尔 · 杜兰特著 ; 刘军译. -- 北京:
中信出版社, 2021.6
书名原文: 5 HEROES OF PHILOSOPHY
ISBN 978-7-5217-1653-5

Ⅰ. ①哲… Ⅱ. ①威… ②刘… Ⅲ. ①哲学—研究
Ⅳ. ①B

中国版本图书馆CIP数据核字(2020)第036987号

哲学家

著　者：[美] 威尔 · 杜兰特
译　者：刘军
出版发行：中信出版集团股份有限公司
（北京市朝阳区惠新东街甲4号富盛大厦2座　邮编　100029）
承 印 者：北京诚信伟业印刷有限公司

开　本：787mm × 1092mm　1/16　　印　张：12.75　　字　数：150千字
版　次：2021年6月第1版　　印　次：2021年6月第1次印刷
京权图字：01-2019-3750
书　号：ISBN 978-7-5217-1653-5
定　价：59.00元

目录

CONTENTS

推荐序

中信出版集团推出了四部一套的威尔·杜兰特系列:《哲学家》《哲学课》《追求幸福》《生命的意义》。

杜兰特是位大学者，曾写下皇皇十数册巨著《世界文明史》。而杜兰特为我国作者所熟知，则多半是因他那部《哲学的故事》，洋洋洒洒几十万字。这本书 1926 年出版，短短一年内售出 100 万册。多年以来我也总是向愿意了解哲学的青年推荐杜兰特的这本书，倒不是跟风——我后来才知道这本书这么 popular（流行），我只是自己读时兴致盎然，的确，这本书把哲学家和哲学写得如此生动，想不受吸引都难。

中信现今出版的这个系列里有一部是《哲学家》。不同于《哲学的故事》，这是薄薄的一本，分上下两篇。上篇讲述五位哲学家，苏格拉底、柏拉图、培根、斯宾诺莎、尼采。这“哲学五雄”，《哲学的故事》都写过，不过在这一本里写法不同。下篇可以说是这样一个主题：何为哲学家？总体上，杜兰特认为哲学在沦落，实际上已经“沦落到无人尊重的境地”，沦落的原因甚多，最主要的是哲学的经院化，“太执迷于钻研各种陈旧过时的体系的细枝末节……其创造性又是如此稀缺”。这个结论有点儿简单化，不过，我认为大感觉蛮对头。

另一本是《哲学课》，分别讨论八个方面的问题：逻辑学和认识论、形而上学、伦理学、美学、历史、进步、政治、宗教。常见的哲学主题差不多囊括无余。杜兰特一生沉浸于人类文明发展的研究和思考，对这里出现的大部分论题都有不俗的见解。逻辑学、认识论、形而上学也许不是他的长项，但他也能把握其大要，用清晰而生动的语言呈现出来，初学者仍能从中收获不少。

第三本是《生命的意义》。生命的意义是什么？这是个老掉牙的问题，同时又历久弥新，今人像古人一样不断向自己发问，我们老年人像刚刚开始人生的青少年一样不断向自己发问。杜兰特说：“它对我们这一代人也许比对以往任何时候都更称其为问题。”一百年之后，我们也许可以重复这句话。没有谁能为这个问题提供一个普适的答案，但杜兰特承诺，无论年过半百还能剩下多少真诚，他都将尽可能真诚地回答这个问题。

最后说说《追寻幸福》。普通读者也许可以从这一本开始，因为这一本的话题是我们人人都熟悉的：幸福、爱、男人女人、婚姻、孩子、性格。在谈论这些“通俗话题”的时候，杜兰特时时展现出深思熟虑的人生智慧。例如，说到教育，人们看重的往往是让青少年准备好将来谋求生计的本领。这当然是教育的目标之一，然而，青少年将来不只是要去应付生活，他们还要享受生活、理解生活。我们通过友谊、大自然、文学、艺术享受生活，通过历史、科学、宗教、哲学理解生活。这些同样是教育的重要内容。

近年来，坊间出版了不少通俗的哲学类导论，其中不乏佳作，但若只让选一套，我还是选杜兰特。

陈嘉映

2021.2.8

序言

《哲学家》一书，是威尔·杜兰特对历史上最著名（在尼采身上则是“臭名昭著”）的五位哲学家深邃思想的精辟论述。本书是杜兰特的思想明灯，以其灿烂澄明的视角，照亮了思想世界。正如1911年诺贝尔文学奖得主莫里斯·梅特林克所言，杜兰特的“笔触，似乎澄清、点亮和简化了它所触及的一切”。例如，杜兰特介绍柏拉图的一章，也许是对大师创造的形式哲学的最佳阐述，揭示了哲学背后的艺术冲动；他对诡辩家的盖棺定论，有如醍醐灌顶，令人豁然开朗；对毕生挚爱的斯宾诺莎的介绍，于杜兰特本人有如战斗号角般嘹亮，催人奋进，但恰到好处地平衡了批评与同情。斯宾诺莎说：“哀鸿遍野，或为激情所缚，或为教士所役，或为国王所驱；民不聊生，哲学家既无心论道，亦无意玉食。”在斯宾诺莎看来，哲学绝非坐而论道。如果你想听尼采发声，杜兰特已为他布置好了讲坛。杜兰特之笔，如巨椽传神，令尼采之声如铜钟般洪亮，其天才的痛苦，哲学的深邃，跃然纸上，远胜市井书肆之汗牛充栋。《哲学家》不仅是对主要哲学家不可或缺的介绍，而且是对威尔·杜兰特哲学富有感染力的介绍。本书揭示了哲学鲜为人知的一面：哲学与人类生活息息相关，令人兴奋，让人无惧黑暗，勇往直前。

——约翰·利特尔

导言

本书的目的在于表明：第一，社会问题一直是许多大哲学家关注的基本问题；第二，通过哲学解决社会问题，这甚至是成功解决这一问题的首要条件；第三，通过社会问题窥探哲学，这是振兴哲学的必由之路。

通过“哲学”，我们应把经验作为一个整体进行研究，或对经验的一部分与整体的关系进行研究。通过“社会问题”，我们能简单而宽泛地理解，如何通过改变社会机制减轻人类的痛苦。这是一个不断重现的问题，却没有更清晰的定义；因为痛苦与欲望有关，而欲望是个体化的，是不断变化的；每个人都从自己不断变化的欲望出发看待问题，从而使这一问题不断变化。显然，这是一个令人烦恼的复杂问题。必须记住，我们的意图充其量是把哲学视为解决这一问题的一种方法，而问题本身则是一种窥探哲学的方法。我们并未提出任何解决办法。

作为一种整体性的策略倾向，我们可以触及哲学史上的一些巅峰，并探寻潜藏在每一个形而上学迷宫中的社会利益。伍德布里奇教授说："亚里士多德让论文作者们在开始撰写论文时，先回顾前人的相关观点，然后再证明他们都是错误的。"本书接下来五个章节的目的恰恰相反：我们将拭目以待，看看所谓的死气沉沉的哲学是否有相当程度的复苏。

本书不是试图证明苏格拉底、柏拉图、培根、斯宾诺莎和尼采在社会问题上的观点是完全错误的，而是试图从这五位哲学家的观点中寻求有助于我们理解当今境况的方案；本书不会创建一套社会哲学体系，不会因为试图把每一种哲学同它的社会和政治环境联系起来而迷失在对过去的学术探索之中；本书将设法把这些哲学与我们自己的环境联系起来，通过这些哲学家的眼睛连续地审视我们自己的问题。我们对这些哲学家的"另类"解读，与其说是自相矛盾的，不如说是在寻求裨益。

因此，本书关于哲学史的章节，与其说是回顾，不如说是序言或续篇。本书的目标，既不是历史叙述，也不是提出批评，而是一种委托式的重构。这是一种有缺陷的方法，例如，它将牺牲学术的彻底性，以表现其适用性。而当达到这一目的后，我们又需要反复收集线索。不过，这种方法也有裨益：我们将避免考虑历史，除非它真实存在、历久弥新，且能为当今情势提供教益。每一项对社会问题和与之相互呼应的哲学的研究，都让我们朝着最后的目标努力迈进了一步。

—— 威尔 · 杜兰特

PART I

上 篇

哲学五雄

5 HEROES OF PHILOSOPHY

第一章

苏格拉底的挑战

历史是一个不断征服与被征服的循环。一个因艰苦的物质生活条件而充满活力的民族，在日益紧迫的生存需求的驱使之下，离开自己的家园，朝着不那么有活力的民族所在之地迁徙，征服、取代或吸收它。在一个不那么宽裕的环境中养成的意志和生活习惯，现在迅速地产生了经济上的盈余。这样积累起来的部分资源，在帝国主义的扩张中就成了资本。日益增长的经济盈余，产生了一个有闲阶层，他们擅长奢侈艺术，对体力劳动则不屑一顾。闲暇产生思辨，思辨消解教条主义和陈腐习俗，发展出敏锐的感知，但让人丧失行动的决断。思想，在分析的迷宫中冒险潜行，发现社会背后的个体，剥离其正常的社会功能，转向内在，发现自我。共同利益和共同体的意识日益衰退，如今，已没有公民，只有个人。

另有一个偏远地区的民族，与严酷的环境做着斗争。在这里，你可以看到森林被砍伐，道路被开辟，物阜民丰，人们骄奢淫逸。它满怀梦想，充满渴望，团结无畏，不断入侵其他民族。接下来历史将重复上演以前的故事，各民族在征服与被征服中恢复活力。任何文明的最大问题，就是如何使自己恢复活力，从而避免重蹈覆辙。

作为粉碎机的哲学

因此，哲学的兴起，往往预示着文明的衰败。思辨源于自然，产生了自然主义；哲学于人而言，先是一种心理奥秘，进而成为一种社会特征，并产生了个人主义。哲学家并不总是渴望这些结果，但他们确实成就了这些结果。他们觉得自己是国家不情愿的敌人：他们从人格的角度看待人们，而国家从社会机制的角度看待人们。有些哲学家可能乐于持重守旧，但智慧会破茧而出。当哲学家发声时，众神和王朝就会崩塌。大多数国家都根植于神权，并为此付出了沉重的代价：众神的黄昏，就是各国的午后。

最终，每一种文明都会发展到这样一种程度，个体通过思索意识到，自己本身就是生存的目的，他要求国家从此往后加强而不是利用他的能力，以此为代价，个人将维持国家的持续。哲学家同情这一要求，但国家总是拒绝这一要求。因此，文明兴起了，文明又衰落了。哲学史，基本上就是对伟人为避免社会解体所做努力的叙述。哲学家建立了自然的道德法则，以取代他们亲手摧毁的超自然法则。寻求而不是诉诸天体机制，在不牺牲可塑性和个人独特性的情况下，为其人民赢得社会一致性和持久性的某种方法——这在过去是哲学家的任务，现在仍是哲学家的任务。我们应该感谢哲学的存在。在我们这个时代，说不定最终它会形成一种有效的自然伦理呢。这一成就，可能正是世界历史上最重大的事件。

雅典的个人主义

在欧洲思想史上，伟大的时代，大多是个人主义兴盛的时代。例如苏格拉底时代、恺撒和奥古斯都时代、文艺复兴时代、启蒙运动时代。我们是否应该把目前这个行将结束的时代列入其中呢？这些时代，通常都是伴随着帝国扩张而出现的：帝国主义要求加强个人效忠国家的纽带，而这种强化，既带来帝国主义的满足感，也带来个人主义的反应。征服或商业贸易再一次打破了政治或经济疆界，打破了民族之间的文化壁垒，形成了习俗的相关性，以及与社会传统相对立的个人“理性”问题。

公元前 4 世纪的一篇政论，反映了公元前 5 世纪后期雅典人的心态。“如果所有人都把他们认为是良好和高尚的习俗汇聚在一起，再从这些习俗中挑选出他们认为低劣和卑鄙的习俗，那么什么习俗都不会留下来。”一旦这样一种观点找到了有力的捍卫者，社会组织的习俗基础就开始被剥蚀，世代尊崇的机构则受到理性无情的拷问。人们开始将“自然”与习惯进行对比，而这在某种程度上对后者不利。即使是最基本的希腊制度，也受到了哲学家的质疑。一位公元前 4 世纪的雅典人鲁梭说：“上帝让所有人都获得了自由，大自然并没有奴役任何人。”博茨福德谈到“4 世纪社会主义对知识分子阶层的强大影响”。欧里庇得斯和阿里斯托芬都在谈论妇女解放运动。人们审查法律和政府。安纳查昔司将法律比作蛛网，它专门捕捉小苍蝇，而让大苍蝇漏网。这种比拟，令人点头称是。卡里克利斯和斯拉西马库斯之流应运而生，他们指陈时弊，声称政府只是大规模剥削的便利工具。

诡辩家

个人主义发展的文化代表是诡辩家。这些人都像大学教授，尽管他们没有身处大学，也没有教授头衔。诡辩家的出现，回应了闲暇阶层年轻人对更高层次教育的需求。在短短一代人的时间里，他们成了希腊最强大的知识力量。在他们之前，曾有过哲学家、质疑者，但这些早期的哲学家研究的是自然，而不是人或国家。诡辩家，是希腊第一批克服了自然而然地默认事物秩序这一倾向的人。诡辩家是骄傲的人——谦卑是一种在希腊永远都无迹可寻的恶习，而且他们对新发现的人类智慧的力量充满信心。诡辩家认为，本着希腊所有成就的精神，知识的发展和扩展，正是通向健全和有意义的个人和集体生活的道路。在寻求知识的过程中，他们毫无敬畏之心，决心仔细审视所有机构、偏见、习俗和道德。普罗塔哥拉自称尊重习俗，宣称习俗和制度是人类优于野兽的源泉。但他著名的原则却是“人是万物的尺度”，这一原则意味着道德只是品位的问题。当一个人的行为对我们有利时，我们称他为“好人”；当一个人的行为对我们有害时，我们称他为“坏人”。对诡辩家来说，美德并不在于服从未经审视的规则或习俗，而在于有效地践行自己想做的任何事情。他们会谴责这个拙劣的人，并放走那个“罪人”。他们是轻率的怀疑论者，不分青红皂白，并愿意为金钱颠倒黑白。这是一条古老的指控，后来学希腊哲学的学生几乎异口同声地反对它。

诡辩家最伟大的发现就是个人主义，这也正是主张寡头政治的柏拉图等人不能宽恕他们的根源。正因如此，直到今天诡辩家仍然声名狼藉。诡辩家声称，法律的目的是拓展个人发展的可能性。如果不符合这一标准，法律就应该被遗忘。有一种比人类的法律更高的法律——公道自在人心的自然之法，且凌驾于任何法律之上。个人道德凌驾于任何国家政令之上，这使得所有激进主义都相形见绌。尽管柏拉图文如泉涌，但并未受此蛊惑。诡辩家则深信不疑，振臂高呼，应者云集，希腊因而风云变色。苏格拉底在世时，发现这个世界四分五裂，发现这是一场所有人反对所有人的战争，发现这是一种人格混乱的喧嚣。当有人问他如何才能挽狂澜于既倒时，他只是简单地回答道：三思而后行。

智慧即美德

智慧即美德，这并非新论。这只是对希腊人，或者更确切地说是雅典人人生观中一个要素的强调，这是画龙点睛之笔。诡辩家（不是苏格拉底或西塞罗）把哲学从天堂带到人间，但他们的哲学卑躬屈膝，拜倒在商业效率和功名利禄的脚下。他们只是金钱的仆役、精明的掮客，只热衷于蝇营狗苟。苏格拉底与诡辩家唱和，谴责任何暂时性的对形而上学抽象的热衷——一元和多样，运动和静止，空间的延续，预言的困惑，等等；他们群嘲为了知识而追求知识，并要求所有思想源于现实，归于生活。但苏格拉底的精神与诡辩家天差地别，就好比斯宾诺莎的精神与中世纪的放债人天悬地隔一样。对于诡辩家来说，哲学只是一种职业。诡辩家只是“智慧的情人”，索求无度。对于苏格拉底来说，哲学是对永恒的善的追求，是对生活的持久满意的追求。哲学寻求正义、节制、勇气、虔诚，因而“生命不息，探索不止”。

这并非易事，结果也是毫不意外地确定：“当我尝试解决这些问题时，彷徨复彷徨，难有定论，无从抉择。”与苏格拉底交谈的人显然是空手而归的。但苏格拉底已播下了希望的种子，这些种子在平静的思绪中开花结果。苏格拉底可以澄清人们的观念，可以揭示他们的假设和偏见，但他不能也不会为他们提出意见。苏格拉底没有留下书面的哲学，因为他只有最笼统的建议，并知道忠言逆耳，没人愿意听。他相信，他的朋友们会传播他的智慧。

智慧是什么？首先，它是对美德和智慧、道德和知识的认同。但更重要的是，从知识的角度来看，它是对公共和个人利益的基本认同。在这位智者的脚下，满是古老道德的碎片。用什么来取而代之？这一代年轻的雅典人被剥夺了超自然的信仰，他们不会听从“美德”的劝谕，也不会听从对社会自我牺牲的忠告。接下来该怎么办？是否应该对诡辩家施加社会和政治压力，迫使他们改变个人主义教条，分析破坏道德？道德呢？毁灭分析？

苏格拉底答道，道德会变得更为高尚，并无惧于最无情的怀疑者的攻击。“诡辩家是对的，”苏格拉底说，“道德比社会服从更重要。”但是，诡辩家把个人利益和社会利益对立起来是错误的。苏格拉底认为，如果一个人是聪明的，他就会看到促使一个人成为一个良好公民的品质——正义、智慧、节制、勇气，同样有利于个人利益和发展。所有这些“美德”都是高山仰止，而唯一真正的美德——智慧，则与时俱进。任何行动都是不道德的，除非上善若水，虚怀若谷。“罪”就是不能最大限度地发挥才能，就是对才能的愚蠢浪费。除了至善，人应别无所求；示之以善，人将孜孜以求；孜孜以求，则人将乐此不疲，国将固若金汤。问题在于，人们缺乏洞察力，看不到至善。他们需要的不是“美德”，而是智慧，需要的不是滔滔布道，而是拨云见日。自律者自强，方能行思坐想，千般思索万般考虑；自知者自控，方能高瞻远瞩，不为山高所阻，方能明察秋毫，不为小利所动。至此，辩证、诘问、概念和定义的道德重要性已不言自明：我们必须学会“如何使我们自己的思想清晰”，我们必须问自己何欲何求，善之所在。辩证法是美德的仆役，一切澄明都是美德。

美德的意义

当然，这就是直率的知性主义，也是哲学中最好的反驳学说。批评家和历史学家对苏格拉底的伦理轻描淡写，可谓趣事一桩。西奇威克说，这是一个“奢侈的悖论，与道德自由格格不入”。“苏格拉底观点的片面性是显而易见的，无出其右者。”贡珀茨说。格罗特说：“他的学说，忽略重要的情感、欲望等适当要素。”霍布豪斯说：“这种伦理倾向于认为所有的行为都是智力问题，而不是性格问题。因此，在某种意义上，这种倾向会破坏道德责任。”亨利·杰克逊说：“他的意志如此强大，几乎畅通无阻。”尼采说：“苏格拉底犯了忽视行动的错误，因而把知识视为善行的唯一条件。”他指出：“苏格拉底陷入一种误解……不论代价，只有理性、冷静、谨慎、意识，没有本能，这与本能对立，这本身就只是一种疾病……而绝不是回归‘美德’、‘健康’和‘幸福’。”“看到至善，认同至善，但背道而驰。”这句陈腐的格言常被人引用，并被用来为苏格拉底开脱。苏格拉底的结论，应被接受为问题的最终解决方案。

在驳斥某种学说之前，试着去理解它是有用的。苏格拉底说，所有真正的美德都是智慧。这是什么意思？什么是美德？

文明的特征，可能就是它的德行观念。与我们相比，希腊人最有特色的德行观念，就是以智慧为美德。“美德”这个词，现在的含义是什么？人们并不愿用这个词来形容自己。“人不能如此自负，”奥斯卡·王尔德说，“因为别人会告诉你，你只是一个罪人。”在中世纪，官方对美德的概念，是以女性的优雅为标准的。希伯来人极富男子汉气概的上帝，遭遇了圣母马利亚崇拜的严重侵蚀和由此带来的痛苦。在某种程度上，新教是道德上被征服的男性的反叛。在马丁·路德看来，新教徒正是挣脱僧侣束缚的暴怒者。信条本身早已被抛弃，而人们仍然执着于该信条的伦理。因此，在本质上，我们的现代德行观念仍然是中世纪的和女性化的。童贞、贞节、夫妻忠诚、文雅、服从、忠诚、善良、自我牺牲，是所有受人尊敬的道德家的口头禅；“至善”就是无害，就是不“坏”。人们被“阉割”，以保证互不伤害。这种无伤大雅的“羞怯”，很容易出现在那些天生没有主动权的人的身上，很容易出现在那些顺从恐惧和禁令的人的身上。这种美德是一潭死水，它压制而不是拓展灵魂，它不提供发展的便利，不鼓励社会刺激和生产力。现在，是我们停止用曾经强大的“美德”来称呼这种无谓的消极态度的时候了。美德，必须根据我们生活中具有重要意义的东西来定义。

因此，美德也不能用个人服从群体来定义。一个人生命中最重要的，不是社会，而是他自己。要求他把群体利益置于个人利益之上，就是要求他崇拜一个外在的、超然的神。而一个超然的神面临的麻烦，就是一定会被赶下神坛。因个人拒绝满足这种要求，就说其“不道德”，这本身就是一种“不道德”的行为。也就是说，这是胡说八道，毫无意义。“责任”涉及自我牺牲，本质上就是对他人负责，是一种令人灵魂扭曲的观念，只有易卜生之流才会在葬礼上这样呢喃。

要求个人为社会牺牲自己，不久个人就会让社会为自己牺牲。当然，在赫拉克利特的话语体系中，总是有太多的傻瓜可以通过简单地暗示死后飞升来获得他们的自我牺牲。然而，怀疑和幻灭迟早会出现，而社会的永久性很容易就会在时间的侵蚀中变得飘忽不定。如果历史有意义，这恰恰就是其意义之所在。

并非如此！聪明的人只会效忠于他碰巧发现自己也是其中一员的群体，且这个群体的政策符合他自己受批判的欲望。无论他效忠哪些势力，无论这些势力身处何地，他都是按照自己的欲望来判断和行事的。即使是为了这些势力，他也不会牺牲自我——尽管有时殉难是一种奢侈，但生命本身并不是太昂贵的代价。既然这些势力是根据他自己的判断和欲望来定义的，那么，只有当他的行为偏离了这些势力所定义的目的，并在他恢复自我意识时，他才会与自己发生冲突。也就是说，只有当他不再为达目的而不择手段时，即他变得聪明时，他才会与自己发生冲突。主要的道德冲突，不是个体与群体之间的冲突，而是零星冲动的局部自我与有意识目的的协调自我之间的冲突。每个人内部和外部都有一个团体：局部的自我背后，是整体的自我。每个人都是一个社会，每个人都是一个群体。道德生活的悲剧，不在于个人对所有人的战争，而在于这些不完整的自我在行动阶段无休止的互动。当个人的智力增长时，这种冲突就会减少。因为，无论是手段还是目的，个人的行为和目的都在不断地根据智力的发展而进行修正和调整。在智力增长的过程中亦如此。逐渐地，个体达到统一，并通过统一获得个性。对自己的信任，使人变得更为完整。道德问题就此得到解决，因为它纯粹是协调人格的个人问题。

那么，无论社会责任如何，道德责任就是个人对自己的责任。社会不一定就是道德——管它社会学怎么看呢。"正常的社会生活"未经思考与整合，且因未经思考而低于道德水平，姑且称其为社会性。道德是真正有思想的动物的特权。为了增加个人的自由而加强权力，这种非社会的行为在任何社会中都是不道德的，即自我毁灭的不合理、不明智的行为。但是，即使在这样的社会中，道德也会超越社会的边界，并最终从行动与被批评的个人目的调和中得以定义。这并不意味着所有的伦理都浓缩于"做你自己"这句废话之中。那些随意使用这句废话的人，随随便便就把它当作生活的借口。因为生活充满了激情的气息，以及进化不充分的味道。需要提醒这些人——这主要是因为最受欢迎和最新的哲学推崇本能和嘲弄，只有通过深思熟虑和智慧，个人才能彻底地成为自己。漫不经心的行为，并不是为了成就自己，而在很大程度上是为了消泯自己。

例如，直接的情感表达所具备的巨大作用，几乎完全是漫不经心的。如果你感到非常惊讶，你会嘴唇张开，眼睛睁大，脉搏加速，呼吸加快。如果我感到惊讶，尽管你我之间的差异如同许珀里翁与好色之徒之间的差异一样巨大，我的呼吸会加快，脉搏会加速，眼睛会睁大，嘴唇也会张开。我的直接反应基本上和你一样。惊奇的直接表达方式，在所有高等动物中几乎是一样的。达尔文对恐惧表达的经典描述是另一个例子，它适用于每个正常人，更不用说较低级的物种了。因此，自我中心、嫉妒、愤怒和其他无数种本能反应，即情绪，是所有物种共有的。当我们做出这些反应时，我们表达的不是个人的自我，而恰巧是我们物种的本能。当你殴打一个人因为他“侮辱”了你，当你在一次成功的演讲结束之后昂首阔步，当你推开妇女和儿童以取代他们在救生船上的位置，当你做无数件像这样漫不经心的事情时，这些其实都不是你的行为，而是你的种族、你的祖先通过你在行动。后天的个体差异，早已迷失在遗传冲动的旋涡之中。正如学者所言，你的行为不是“人”的行为，你并未真正发挥你自己的作用，你只是在为死者充当奴隶或代言人。如果把遗传的倾向置于你个人经验与思考的审视之下，那么你的言谈举止就会最大限度地表达你自己。人没有优点，没有“美德”，没有发展，只是在玩零碎的冲动游戏，只是活在过去。人要想拥有道德，要想获得发展，要想获得完整的自我，就得整合后天习得以及遗传继承的元素，就得拥有完整的个人性格。

我们中许多人的行为，并不能真正表达我们的意思，却能给我们带来毁灭，尽管我们表达的只是一鳞半爪，绝非推心置腹。要做完整的自我，要做有意识的自我，要做自己想做的事情，要考虑真正想做的事情，要追寻自己的理想，要选择自己的方式，不要让你的祖先强加于你，要有意识地行动，要看到至善，要思考，要明智——所有这些，都是对美德和道德的定义。

美德这个词的含义中，原本就没有“道德”等意义，而只论智慧或愚蠢。是的，美德就是算计，这听起来很可怕：正确地估算你必须做些什么才能达到你真正的目的，认识你的优点及其所在，并为之做出努力——这是任何人所能不受猥亵地要求的一切，也是任何有智慧的人所能允诺的一切。

也许你认为，这是一种唾手可得的美德——这只是对智慧的割裂，甚至比无害更容易做到。试试吧。

“本能”与“理性”

现在回头看看相关批驳。对苏格拉底学说最强烈的反对意见是，智慧不是目的的创造者，而是目的的仆人。我们所认为的善，似乎不是由理性决定的，而是由欲望决定的。理性本身似乎只是欲望的仆人，并随时准备向后者卑躬屈膝。欲望善于在智慧面前编造有利于愿望的事实，并把理性的眼光坚决地从其他真相之上移开。它就像魔术师的手，在表演“奇迹”时分散观众的注意力。如果道德完全是一个智力问题，欲望则完全是一个手段问题，它被不可逆转地排除在目的之外。

尽管超出了事实的依据，这一结论在实质上并无不妥。的确，智力、理性、知识从来没有提出过基本目的，但是，由欲望提出的许多目的确实被智力否决了。如果不是因为反复失败的打击削弱了欲望，为什么一个成人的欲望要比一个男孩或一个小孩的欲望更适度？随着知识的增长和从现实中吸取更多的教训，欲望消失了，或者失去了原有的地位。可能调适目的，以适应手段；也可能调适手段，以适应目的。最终，欲望听从它的仆人（即理性）的忠告。

尽管如此，目的是由欲望决定的。如果道德就是智慧，那么任何目的本身都不存在道德问题。奇怪的是，这与其说是对苏格拉底伦理的反驳，不如说是它的基本要素和出发点。每种欲望都有它自己最初的权利，道德并不意味着压制欲望，而是它们之间的协调。这对社会而言意味着有什么即将水落石出；对个人来说，它意味着他是不道德的，不是因为他寻求自己的利益，而是因为他不真正为自己的利益行事，尤其是当某种狭隘的暂时目的扰乱了他的观点并压倒了一个更大的目的时。我们所说的“自制力”，就是大的目的的永久优势；我们所说的意志的软弱，就是观点的不稳定性。自我控制，意味着对价值的明智判断，对动机的智能协调，以及对效果的智慧预测。自我控制，是远见卓识，是感官的拓展。它听到了过去诫勉的微弱声音，它看到了遥远未来的预期结果，它为了光明而湮灭了空间和时间。自我控制是一种协调能力，是伦理学和政治学的起点也是终点，或许在逻辑学和形而上学中也是如此。意志的软弱，意味着欲望偏离了焦点，并在黑暗之中潜行：这是光明的错乱，智慧的失败。从这个意义上说，“善意”是指通过最终的欲望、目的、理想来协调欲望，它意味着健康和完整的意志，它的字面意思就是正直。在旧的意义上，“善意”往往仅仅是害怕现行法律的禁止或源于良心的禁止。我们都知道，这种良知是一种纯粹的消极和静止的东西，是警察的一种便利替代品，是一种自觉堕落的滋生物。对罗马人来说，这意味着行动中的一种辨别意识——潜伏在细枝末节中的对整个事物的辨别意识。这是一个语言病理学的例子——词语在使用中与它们通常的含义格格不入。例如，对和错，一旦没有了道德内涵，仅表示通向目标的直接或曲折的道路。值得注意的是，在通常意义上，希伯来语中“罪”一词的意思是“一支偏离目标的箭”。

但是，有人敦促说，在理智控制激情、思想控制欲望这个意义上，并不存在智慧这样的东西。当然，承认反对要比反驳反对容易得多！让我们按照这种意愿来解释智慧，那么，你会在其中发现一种延迟反应，一种行刑前的片刻暂缓，它使得新冲动、新动机和新倾向出现，并允许局势中的每个要素都能够进入一个协调的整体之中，各就其位。智慧就是与冲动的斗争，就是最适度的欲望。不要对比理智与激情，而要对比动力丰富的相互作用之后出现的延迟反应与首次冲动时的反应。对我们来说，冲动意味着从树上掉下来的未成熟的果实，因为过于虚弱而未能长到成熟。智慧，不是一种附加在冲动之上的能力，而是一种经由艰苦经历的打击而产生的冲动的协调。苏格拉底的伦理与此不谋而合：智慧就是延迟的反应，道德则是欲速则不达。有人指控说，苏格拉底的观点涉及决定论，对此我们持欢迎态度。我们无须提出这个问题的实际价值问题。但是，假设决定论破坏了道德责任，就是背叛了维多利亚中期的哲学。像苏格拉底、柏拉图和斯宾诺莎这样有见识的人认为，道德责任不是意志自由的问题，而是手段与目的的关系，是个人对自己的责任，是对最终目的冲动的智能协调。任何其他道德，无论它如何冠冕堂皇，都只是被阉割的奴隶道德。

道德的世俗化

苏格拉底的伦理涉及的重大问题，在于其社会团结和稳定学说的影响。显然，社会行为，如安息日，是人为设定的，而不是相反。如果社会组织对个人索求过度，那么该组织的稳定性就不是问题，这是一种不幸。但如果国家不对个人索求过度，个人的优势将有利于社会行为。而个人是否会有更好的社会行为，就成了一个问题：他有多少智慧？他在寻找自己的优势方面有多清醒？如果国家对其社会成员的要求不高于给予，道德、智慧和社会行为之间就不会发生冲突。此时，社会问题主要表现在两个层面：第一，使人变得更聪明；第二，让社会组织赋予个人巨大的优势，从而确保全部有智慧的人的社会行为。“好人”的社会，有智慧的人的社会，哪一个更易生存？“好人”只是服从，从不主动。一个由“好人”组成的社会，必然是停滞的。因为，在这样的社会中，正如爱默生所说，最需要的美德就是从众。如果伟人从庸碌之辈中脱颖而出，他们就会被称为罪犯和罪人，伟人的生活提醒我们，我们无法使我们的生活既崇高又“美好”。但是，作为一种伦理理想，智慧是一种进步的规范，因为它意味着个人生活与个人终极理想的逐步协调。“好人”的上帝就是维持现状，聪明人更多地服从国家的召唤。

观察个人与群体的问题，必须将个人与一个更大的整体联系起来。这个整体不是由地理边界决定的，而是因个人的需要产生的，是由个人的智力塑造的目的决定的。随着个人智力的增长，个人的目的越来越受到个人能力和社会可能性的制约：个人越来越不愿意对自己、对一般人或对他所生活的群体提出不合理的要求。个人不断拓宽的视野，使得反社会的目的自我毁灭。尽管个人选择目标时没有参照任何外在的道德准则，但这些目的越来越具有社会性。启蒙运动把个人的社会倾向从卑躬屈膝的从众中拯救出来，把个人的“自我意识”从自我扼杀的狭隘中拯救出来。如今，在很大程度上，个人和群体之间的冲突，只在群体对个人提出不合理的要求时才会出现。但是，随着组成或支配群体的个人变得更聪明，我们更清楚地认识到，如果要保持个人对群体的效忠，就必须限制群体对其成员的要求，这样冲突也会减少。既然减少个人与社会之间的冲突而又不损害任何一方的利益是政治伦理的核心问题，那么很明显，伦理的实际任务不是制定具体的道德准则，而是实现智慧的传播。这种冲突的减少，使得群体成员之间能更好地协调，因为他们更有能力认识到在一个有明智管理的群体中共同行动的优势。因此，社会一致性和持久性问题，本身同样属于智力发展问题。

如何澄清我们的思想？如何澄清我们的社会问题？苏格拉底言简意赅，一针见血：“这是什么？”我的优点是什么？我的兴趣是什么？我到底想要什么？罗伯特·路易斯·史蒂文森说，这些问题的答案就是智慧增长和垂暮之年。我的国家是什么？什么是爱国主义？“如果你想问我，”伏尔泰说，“你必须定义你使用的术语。”如果你想谈道德，你就必须定义“道德”。如果我们的文明能经受时间的考验，我们就必须定义“文明”。

如今是道德制裁世俗化的关键时期，把人束缚在“良好行为”上的神学脐带已经崩坏了。领袖们会为此做些什么？他们会再次尝试自我牺牲的古老福音吗？但是，一个惯于自我牺牲的世界，是一个充满谎言的世界，是一个被虚伪的恶臭窒息的世界。宣扬自我牺牲，不是试图解决问题，而是在逃避伦理问题——在维护社会稳定的同时消除个人自我牺牲的问题：个人身份与公民身份的和谐问题。或者，我们的领导人应该用一种长期的人身约束取代迷信，让警察和监狱做所有的社会协调工作吗？人身约束肯定是最后的手段，这不是因为它是“错误的”，而是因为它是不合适的，因为它宁愿割裂也不愿解开死结，因为它导致了太多的摩擦而无法运动。防止一个人或一个群体干涉另一个人或群体时，约束是正当的，但它不是建立或维持理想的良好工具。假设我们停止道德说教，假设我们减少亦步亦趋，假设我们开始定义我们的术语。假设我们能让人们非常简单地（而不是在学术上）了解道德准则不是诞生在天堂而是诞生在社会需求之中，假设我们开始寻找一种传播智慧的方式从而使个人对真正的公共利益的背叛和集体对个人效忠的利用都能显而易见，我们就会知道它们实际上都是愚蠢的自杀性行为。这是否是奢望？也许吧。但话说回来，生命的价值和意义恰恰在于此，它仍然值得尝试。

“幸福”与“美德”

前文关于苏格拉底哲学的叙述，可归结为一个方程式：智慧 = 美德 = 幸福。在此提出一项警告：记住，这里所说的“美德”，不是主日学校教授的中世纪美德。当然，当我们对孩子们说“行善令你快乐”的时候，孩子们一定会想，这些人是傻瓜还是骗子呢？最好忘记“美德”，将这个方程式简单地理解为：智慧 = 幸福。这似乎更贴近于生活中的艰难现实：智慧意味着适应目标的能力，而幸福意味着成功地适应目标，因此，幸福随能力的不同而各异。幸福是智慧渐长，是伴随着成就的积累而来的一种无处不在的生理张力。这不是美德的意识，这不是幸福，而是势利。同样，对于聪明人来说，悔恨不是“罪”的意识，而是关于过去的愚蠢的意识。只要你不能达到你真正的目的，你就是不快乐的，而且已经被证明是不聪明的。但传道者说：“知识越多，忧愁越多。”如果知识的增长是对过去错误的修正，那么确实如此。忧愁是对错误的惩罚，而不是知识的增加。确实如此，智慧并不能持续地减少冲突，而且它每帮助你达成一个愿望，就会揭示一个新的愿望。但是，生活的乐趣，与其说在于困难的消失，不如说在于困难的克服；与其说在于冲突的减少，不如说在于成就的增长。当然，现在是我们强调成就而不是沉默的伦理的时候了。此外，决不能把智慧看作幻灭的屈服或意识的虚弱，智慧是适应活动、奔向目标、协调自我的表达和行为。最后，只有当一个人的幸福取决于他自己的行为时，把幸福理解为智慧才是合适的。不快乐的原因，可能是遗传的畸形，也可能是不赡养的意外。这类情况，与其说是矛盾的，不如说在这个方程式之外。而你的幸福，取决于你的举止，并将随着你表现出的智慧程度而变化。明智地行动，你就不会后悔；朝着更大的目标前进，你就会快乐。

苏格拉底的挑战

如果个人与社会的健康和幸福取决于智慧而不是“美德”，如果智力的提高是雅典人人生观的基本要素，那么为什么苏格拉底的伦理未能挽救雅典的衰败呢？为什么那些所谓聪明的雅典人把这位慷慨的、哲学上的智慧长者送上法庭，并判处他死刑呢？

答案是，因为雅典人拒绝进行苏格拉底式的实验。他们很聪明，但还不够智慧。他们可以诊断社会疾病，可以追溯超自然道德规范的衰败。但是，他们找不到治疗方法，他们没有远见，无法明白拯救不在于强制保留旧的规范，而在于建立新的和更好的规范，建立能够经受住质疑和审判冲击的规范。他们看到的是一片混乱。像大多数政治家一样，他们最渴望的是秩序。我们得承认，苏格拉底对法律的忠诚、对个人对社会组织的义务的真诚，并没有给雅典人留下深刻印象。他们更愿意提苏格拉底的弟子们。安提西尼，嘲笑爱国主义；亚里斯提卜，谴责一切政府；柏拉图，蔑视民主。这些弟子都攻击他们的老师，因为（更不用说琐碎的政治原因）他们认为，苏格拉底正是邪恶的根源。他们不明白，苏格拉底是他们的盟友，不是他们的敌人；拯救雅典的关键在于帮助苏格拉底，而不是判处他死刑。他们本可以帮助他的！仅仅宣扬智慧是不够的，还需要为每个人提供智慧的工具。人们需要的，雅典的政治家能提供的，是一个以智慧为诉求的智慧组织，是一个由国家所有的智慧力量组成的组织，是一场持之以恒的智慧运动。如果这样还不能拯救雅典，雅典就无药可救了。但是雅典目光短浅的领导人不能从智慧中看到救赎，他们只看到毒芹。苏格拉底必须死！

接受苏格拉底的挑战，需要明智的勇气，在战场和国会，这样的勇气并不常见。但是，除非拥有明智的勇气，否则我们的文明就会像其他文明一样起起落落，“像鬼火一样时隐时现”。

第二章

柏拉图

我们为什么爱柏拉图？也许是将柏拉图看成一个情人：同志的情人，辩证欢宴中甜蜜陶醉的情人，他对思想和事物背后难以捉摸的现实充满激情。我们爱他，因为他精力充沛，因为他喜欢粗犷的畋猎，因为他喜欢在生活中发现欢乐，尽管生活中充满了缺憾和冒险的复杂性。我们爱他，因为他生命中的每一分钟都生机勃勃，而且从未停止成长，这样的人即使犯了错误也值得被爱。但更重要的是，我们爱他，是因为他对通过智慧调控进行社会重建的高度热情；因为他在80年的生命中始终保持着对人类进步的热情。对我们大多数人来说，这种热情只是青年时期的短暂奢侈品。因为他认为哲学不仅是解释世界的工具，而且是重塑世界的工具。借苏格拉底之口，他说自己“几乎是当时唯一接触真正政治艺术的雅典人，我是我的时代唯一的政治家”。

对柏拉图来说，哲学就是根据人类的现实和局限性研究人类的可能性。他的日常思索包括人际关系和奋斗问题，自由与秩序问题，性关系和家庭问题，性格和公民的理想以及实现这些理想的教育方法问题，控制人口、遗传和环境、艺术和道德问题。尽管他喜欢神秘主义的诗歌，但对他来说，哲学仍然是他在这个世界的一次非凡的冒险之旅。不像我们，我们遵循他的许多教诲中的一条或另一条，而他则航行在未知的哲学海洋之上。每个时代的每位读者，都称柏拉图哲学具有现代性，那柏拉图哲学要到什么时候才会丧失现代性呢?

苏格拉底去世的时候，柏拉图才 28 岁。虽然苏格拉底饮下毒芹酒时，柏拉图并不在场，但大师的去世对他来说一定是一次惨痛的打击。这使他直面死亡，而死亡是形而上学之母。在所有哲学家中，柏拉图从不掩饰对苏格拉底的感激之情。“我感谢诸神，”他说，“我生来就是自由人，而不是奴隶；是希腊人，而不是野蛮人；是男人，而不是女人；但最重要的是，我出生在苏格拉底时代。”老哲学家苏格拉底走了，雅典一度无法忍受柏拉图（有人说，是柏拉图无法容忍雅典）。而柏拉图这位年轻的哲学家乘船去往异国他乡，汲取其他文化的养分。他喜欢埃及长期占主导地位的神职人员赋予埃及的和平秩序和对长者的尊敬。他愿意被告知，与成熟的埃及文明相比，他的祖国雅典的文化，只不过是一项不确定的民族学运动。他喜欢意大利南部的毕达哥拉斯主义者，及其对社会建设问题的贵族态度，对朴素生活和高尚思想的集体奉献。最重要的是，他喜欢他们对和谐的强调，认为和谐是一切事物的根本性和普遍性关系。如果有足够的艺术性，和谐可以解决人类的不和谐问题。柏拉图还受益于其他文明：有故事讲述了他如何冒着杀头的危险在锡拉丘兹建立一个理想国度；他如何被贩卖为奴隶，又被朋友赎回；以及他如何以一种渗透式的天才方式汲取远至巴勒斯坦甚至印度的民族文化。最后，经过12年的漂泊，柏拉图又听到了雅典的召唤，带着丰富的经验和成熟的思想回国了。

彼时，人到中年的柏拉图，转而开始传经布道。他是否应该加入某一政治势力，并努力使雅典政府成为他思想的写照？也许他觉得他的思想还不够明晰，政治需要回答“是”或“否”，而哲学只回应“是”或“否”。他犹豫不决，不愿加入任何政治势力，也不愿死守教条，他准备因犹豫不决而受到所有党派的憎恨。他骨子里流着贵族的血液，他不会屈从于公民投票。他想像欧里庇得斯那样走上舞台，戴着面具传经布道。年轻的柏拉图曾经撰写过戏剧，如今他微笑着回想当初曾多么希望能与阿里斯托芬并肩。但戏剧有太多的限制，如宗教主题和戏剧形式。柏拉图的哲学则有不断扩大的边界，且并不局限于某种形式。但是，柏拉图的哲学也不是一个枯燥的学术问题，不是零敲碎打，胡拼乱凑；而是充满活力，本身既是戏剧，也是宗教。为什么不能既有思想又有行动？有思想的戏剧，不正是悲剧和喜剧吗？哲学，不正是生命和死亡吗？

在欲望的结合点上，出现了戏剧和哲学的融合。我们知道，这就是《柏拉图对话录》。无疑，它是整个哲学史上最好的作品。《柏拉图对话录》只是柏拉图的工具，而他的思想并没有凝结成教条和体系。所有的天才都是海纳百川的，伟人都是融会贯通的，让灵魂给自己嗓音，它就会以对话来叙述。对于一个思绪纷繁的人来说，对话只是一种工具，他愿意以此澄清自己的想法，而不是给出生活本身是如此盲目和不确定的结论。结论往往是思想失去方向的结果，与其说结论是问题的解决办法，不如说它是思想的解体。因此，柏拉图的想象力在《柏拉图对话录》中有了充分的发挥；生动的试错游戏，飞速旋转的思维；这是被傲慢抛弃的想象力；这是我们沉闷的现代哲学家所缺乏的幽默；这里没有体系，而胜过所有的体系；这是欧洲思想的一个丰富源泉；这里的散文像伟大的庙宇一样雄伟壮观，希腊人的欢乐巍然刻于大理石之上；文学散文在这里诞生，且硕果累累。

要理解柏拉图，就必须记住毕达哥拉斯的主题：和谐是柏拉图形而上学的核心，是他的心理和教育理论的核心，也是他的伦理和政治的核心。感受这种和谐，使这种和谐成为可能——对柏拉图来说，这就是哲学的意义。

我们从一开始就观察到这一点，它更多是神秘化而不是神秘中的理想主义。显然，理想主义属于苏格拉底，柏拉图的理论与其说是理想主义，不如说是关于理想的理论。苏格拉底追求真理，但柏拉图追求美好与和谐。苏格拉底执意于论证，并为你指出一个概念；柏拉图则是一位有远见的诗人，他把你引向他所看到的场景。柏拉图说，理解是对世界的尘世理解，但诗意的洞察力是神圣的。因此，《柏拉图对话录》中充满了诡辩，这主要源于柏拉图，而不是苏格拉底。对柏拉图来说，推理是一门陌生的艺术，尽管他试图成为一名数学家，但他始终只是一位诗人，在处理数字问题时尤其如此。在柏拉图的时代，辩证法尚是新鲜事物，他对辩证法的运用就像一个毛躁的青年，辩证法把他提升到欣喜若狂的高度，又把他埋葬在最致命的逻辑中——断章取义。但是，我们无须质疑，柏拉图知道他在断章取义。他之所以断章取义，部分是为了描绘他的场景，部分是为了取悦正反两方。他觉得，这项新的游戏是一项众神的运动。

有人认为柏拉图说的每句话都是认真的，对此，我们应一笑置之。柏拉图之外，几乎没有人不说教，只寓言。思想的"天堂"是什么？这只不过是柏拉图这位诗人的一种说法，即通过事物之间的关系观察到的概念，并不是事物本身，而是有其自身的现实和永恒的意义。所以，我们夸夸其谈，空泛表达，但是柏拉图一以贯之，更喜欢为我们提供一幅场景。请注意，在这幅场景中，社会需求是常驻要素。除了保护智力资源的计划、预测的工具、控制的方法之外，还有什么概念？如果没有形成概念的能力，我们就永远不能以史为鉴，经验就会从我们指间溜走，我们就注定会竹篮打水一场空。任何事物的概念，都是相关观察的总和。因此，概念是我们调适和控制的媒介。对事物有想法，就是知道事物的概况或计划，就是看到趋势、方向和结果，就是知道如何使用事物。这就是为什么说知识就是力量，每一种想法都是一种工具，都可以用来扭曲世界，为我们的意志服务。这也是为什么想法是真实存在的：它们有力量，而"任何拥有力量的东西都是真实存在的"。

正如人们所说，这一切不过是对苏格拉底拯救学说在思想上的更新而已。柏拉图并未就此止步。任何事物都可以归结为一个概念、一个想法，还可以归结为一个完美的形式、一个理想。事物会发展变化。人不像人，国将不国，床可能是理想之榻，甚至污垢也可能更完美。在一个完全和谐的世界里，所有存在的事物可能对应着完美的理想。说这些理想是真实的，是存在的，只是声称它们是可行的，是可期的。超自然主义，仅仅是柏拉图政治理论的一部分，这可能引发争论。让我们满足于柏拉图，相信理想能够并且确实通过人的力量运作。人的独特之处在于能感知事物，也就是说，人能构想出可能存在的事物。人是一种前瞻性的、有理想的动物，只要愿意，人就可以进行创作。野蛮人可能成为思想家，也可能成为艺术家。从丰富的性本能（就像柏拉图在《飨宴篇》中暗示的那样）之中，产生了这种理想的寻求和创造的品质，艺术、伦理和宗教就是从这些品质中产生的。威廉·莫里斯目睹贫民窟，想到了乌托邦，尽管这使他身陷囹圄，他还是开始走向乌托邦。威廉·莫里斯热爱"人性"吗？一点儿也不，他热爱美丽和梦想，他对眼前的污垢和绝望感到不安。他目睹贫民窟，并因此陷入对美好事物的憧憬之中。这是他的幸运，也是不幸。大多数"改革者"也如此：我们希望改变事情，不是因为我们比"保守派"更爱我们的同类，也不是因为我们相信幸福随收入的变化而变化，只是因为我们听到了美丽的呼唤，脑海中形成了另一幅可能更令人赏心悦目的场景。

柏拉图说，我们要做的是让人们设想一个更美好的世界，这样他们才能看到现实世界是丑陋的，并努力重塑它。我们必须想象事物完美的形式，以打击这个悲催的世界，直到它自我革新，采取这些完美的形式。学会观察和学会创造这些完美的形式，就是哲学家的任务。造就哲学家，这是社会的问题。

哲学家之王的塑造

这个世界很简单，不是吗？给我们足够多的哲学家，美丽的城市将走出画面，成为现实。但是，哲学家们又是怎么被塑造出来的？也许，哲学家也有一种完美的形式？我们怎样才能由观察到创造，成为完美的哲学家？

让我们不要担心这个辩证法的小问题，柏拉图说。我们非常清楚我们必须做的一些事情，这样我们才能有更多更伟大的哲学家。很明显，我们必须做的一件事是我们要把最好的头脑用于教育。这是陈词滥调吗？根本不是。我们是否已把最好的头脑用于教育？我们给教育部长或专员的供给或敬重，比给总统、州长、市长、银行行长或拳击手更多吗？柏拉图说，教育部长的职位是“所有伟大的国家职位中最伟大的”，而公民应该选举最优秀的人担任这个职位。柏拉图说的不是陈词滥调，而是提出了一个激进的、革命性的主张。这件事从未做成，也不会很快做成。因为人民更感兴趣的是赚钱，而不是塑造哲学家。然而，柏拉图温和而坚决地说，我们必须明白，除非我们把最好的头脑塑造为哲学家，否则，我们对社会弊病大费周章，也只是聊胜于无，仅此而已。“多么迷人的人民啊！”柏拉图写道，他把个人和政治进行类比，“他们总是在治标，从而加重他们的疾病，并希望通过有人建议他们尝试的某种方法来治愈疾病，但病情永远不会好转，甚至总是变得更糟……难道这不等同于一出戏吗？他们试着立法，以为通过改革就可以结束人类的耻辱和恶行。难道他们不知道这实际上只是在砍掉九头蛇的头吗？”

请注意，对柏拉图来说，教育的目的与其说是智慧的普遍传播，不如说是发现和培养卓越的人。这一教育理念，在后来的哲学思想中反复出现。例如，在 19 世纪卡莱尔的“英雄”、叔本华的“天才”和尼采的“超人”中，都可以看到这一理念。柏拉图认为，把群众看作社会进步的源泉和希望，是非常幼稚的。群众的正当职能，就是尽可能愉快地辛勤劳作，培养和供养使他们幸福的天才——只要他们能够幸福就好。直指一切的进步，就是打开平庸和徒劳的大门，去发现和哺育潜在的天才。这是一个值得教育者呕心沥血的目的。

如果想要发现萌芽中的天才，你首先必须谨言慎行，至少在开始时必须如此。你不能过多地约束他，也不能过分地纵容自己对他滥加惩罚。一旦孩子开始懂事，母亲、父亲、护士和家庭教师就开始为他的发展而争吵：他不能说或做任何事，除非他们向他说明是非，荣辱，神圣或亵渎，可为或不可为。如果他言听计从，那么自然是锦上添花；如果他不言听计从，就会招致威胁和殴打。按下葫芦浮起瓢，且常常是出人意料地浮起。没有千篇一律的僵硬模式，僵硬模式会粉碎和扭曲每个有抱负的灵魂。在把你的想法和道歉强加给孩子之前，要三思而后行，他自己的愿望是你最好的教程。柏拉图在一个很少被人注意到的段落中写道：“教学的要素，应该呈现在孩童的头脑之中，而不是强迫他们接受理念。因为，一个自由人在获得知识方面也应该是自由的。强制性的身体锻炼没有害处，但是，强制性的知识灌输则无法掌控头脑。因此，不要强迫，而是要让早期教育成为一种娱乐，这样你才能更好地发现孩童的天性。”这是柏拉图天才般的当头棒喝，愚顽如你我，直到大约 2 300 年之后才明白这一道理。“发现孩童的天赋”，在从众之前捕捉到神圣之火的火花，这是教育家的初衷，也是教育家的终极诉求。好的开始，是成功的一半。

在寻找天才的过程中，所有的灵魂都值得尝试。教育必须是普遍性的和强制性的，儿童不属于父母，而属于国家和未来。教育不能太早开始。克利尼亚斯问，教育是否应该从出生就开始？但令人惊讶的是，柏拉图的回答是："从未如此。"如果柏拉图能够实现他的想法，毫无疑问，那美国连环杀手、恶魔博士霍姆斯的建议就是，一个人应该在出生前 2 000 年就开始接受教育。教育的初衷是拓展体能，而不是用字母填充灵魂。在孩子 10 岁时教他读书识字，而不是在此之前。音乐与体育将共同承担全面发展的使命。男孩告诉他的老师，运动场是教育的重要和必要的一部分，就像教室是重要和必要的一部分一样。"我们怎样才能找到一种温和而勇敢的天性？"音乐和体育的结合可以做到这一点。"我很清楚，只有体育，人就会变得过于野蛮；只有音乐，人就会被融化和软化。"这里有一种决心，即使是天才也应该是健康的。柏拉图不会容忍这样一种观念，即要成为天才，就必须生病：要让天才有发言权，但也要提醒他，他不是无肉体的灵魂。让艺术小心，以免它夸耀的净化荡涤了我们的力量和男子气概，诗歌和柔靡的音乐可能使人沦为奴隶。16 岁以后，任何人都不应为音乐而烦恼。

到 20 岁时，一般性测验将剔除那些接受进一步的教育将是浪费时间的人，其他人可继续接受 10 年的教育，第二次测验将剔除那些在此期间已达到发展能力极限的人。最后的幸存者（而不是在此之前）将被引入哲学殿堂。

不能让他们过早地尝试辩论，这是一件特别需要避免的事情。正如你可能已经注意到的那样，对于年轻人来说，当他们第一次尝到愉悦的味道后，他们会为辩论而辩论，并且总是反对和反驳。就像小狗一样，在高兴的时候总是撕扯和拉近身边的所有人……当他们经历了很多的征服和各种失败之后，他们极端而迅速地陷入一种不相信他们以前所相信的任何东西的状态。因此，不仅他们，而且更普遍地，哲学在世界上其他地方都声名狼藉。（《理想国》，第 539 页。）

欢乐的 5 年时光被用来学习哲学。渐渐地，学生学会了看到特殊背后的普遍性，学会了把部分与整体联系起来判断部分。他经历的片段，将构成他人生的和谐哲学。现在他已能将他学到的知识融会贯通，将智慧运用到生活之中。事实上，把知识融会贯通，并聚焦于生活的核心问题之上的能力，正是真正的哲学家的标准。这涉及的是某种实践品质，一种对现实和局限性的认识。一个人必须学习，通过书籍和人。一个人应该多读书，但更应该热爱生活。因此，柏拉图规定，他的新哲学家将在 35 岁到 50 岁之间，花费几年时间，用于繁忙、喧嚣的现实生活。按照他不朽的目标，他们必须回到“洞穴”中去冥思。高等教育的目的是使我们在一段时间内脱离实际生活，也只有这样，未来我们才能以更好的视角回归实际生活。把一段美好的时间花在自己的禀赋上，给自己的面包涂上黄油——这是通向伟大的一个几乎不可或缺的先决条件。在这样的考验中，人们会伤痕累累。但对于那些不是傻瓜的人来说，每一处伤疤都是他们吸取教训的标志。

如今，我们的哲学家已年过五旬，经历了学术和生活的各种考验，成熟老练。我们应当怎么对待他们？把他们打发进教室，一走了之？或者，让他们穷其一生来解答以下问题：斯宾诺莎是如何演绎的，或者演绎是如何失败的，“一”如何到“多”？让他们用有限和无限、空间和时间，或者烤牛肉的非物质性等诸如此类的晦涩术语来填充各种深奥的杂志？不，柏拉图说，应该让他们管理国家。

柏拉图是认真的吗？他是因国家谋杀他最心仪的哲学家感到如此愤怒，以至在他的乌托邦中先发制人，使哲学家成为至高无上的统治者吗？难道这仅仅是他发动的巨大舆论报复吗？难道这仅仅是他对所见的民主国家高级知识分子卑躬屈膝和碌碌无为的反应吗？难道这仅仅是柏拉图大张旗鼓地强调苏格拉底对智慧的追求，并以智慧为道德和社会生活的基础吗？也许都对，但不止于此。柏拉图是高屋建瓴的，这是埃及祭司和毕达哥拉斯主义者对他的影响的显露，这是他个人经历的长期积累。

在此，我们必须记住，我们所说的哲学家柏拉图，并不是指伊曼纽尔·康德。我们指的是一个活生生的人，一个像塞涅卡或弗朗西斯·培根那样的人；一个将知识与行动融为一体的人；一个兼具敏锐洞察力与坚定行动力的人；一个不仅具有书本知识，而且还受教于艰苦经验的人；一个意愿服从，也同样乐于指挥的人；一个通过解决人类社会重大问题来协调思想的人。

> 既然只有哲学家才能把握永恒和不变的真理，而那些徘徊在众多、多变的领域中的人则不是哲学家。我必须问你们，这两种人，哪一种应该是我们国家的统治者呢？（《理想国》，第 184 页。）

既然如此，那么：

在哲学家成为国王之前，或者在这个世界的国王和王子都拥有哲学的精神和力量之前……城邦永远不会停止生病，人类也不会停止生病。(《理想国》，第 473 页。)

当然，这就是柏拉图的初心和灵魂。

不诚实的民主

让我们回到圆周，通过另一条路线接近它。柏拉图说，我承认，拥有统治者是令人非常不愉快的。事实上，如果不是因为我们身上有一种令人遗憾的、真正的蠢猪元素，我们就不应该拥有统治者。我自己的乌托邦，既不是贵族的，也不是民主的，更不是任何类型的“统治”，而是你们中的一些人所说的无政府主义或共产主义。在我的《理想国》第二卷中，我已经非常清楚地描述了这一点。但是，除了重复我兄弟对我的嘲笑之外，没有人注意到这一点。[这一段原文如下：“首先，让我们考虑一下他们的生活方式，既然我们已经确立了他们的生活方式。他们不是要生产粮食、酒、衣服、鞋，并为自己建造房屋吗？安居后，他们将在夏天工作，通常是赤膊光脚，但在冬天，他们穿着厚厚的衣服和鞋。他们吃大麦和小麦，烤麦子，揉面，做上等的布丁和饼，用芦苇或干净的叶子做盘子，斜躺在紫杉或桃金娘枝干做成的床上。他们和儿女们宴饮、喝酒，头戴花环，颂赞美诗，生活在甘美的社会中，顾念自己的家境，耗费不超出自己的经济能力，因为他们要留心贫穷和战乱……他们当然会有菜肴——盐、橄榄、奶酪和洋葱，还有卷心菜或其他适合烹调的乡村蔬菜。他们还会有甜点——烘烤的无花果、豆子、桃金娘果和山毛榉子。他们会适度地饮酒，身体健康，太太平平，无疾而终，并把同样的生活传给他们的下一代。”(《理想国》，第 372 页。)］但与此相反，我的乌托邦是“猪的城邦”。正因为我们是猪，我才不得不放弃描述上述场景，转而描述“不仅是一个国家，而且是一个富足的国家”。我仍然“认为，真正的国家，可以说是拥有健全的宪法，如我此前所述”，而不是我在其他部分所述的“溃烂的宪法”。在我看来，这样的国家，更准确地说是一个“猪的城邦”，而不是其他。这是因为人们想要“躺在沙发上，在餐桌上就餐，并以现代的方式享用美味和甜点……还想有香料、香炉、妓女、蛋糕、黄金、象牙……猎人和演员……音乐家、演奏家、舞蹈家……教师……仆人……饮酒或忌酒的奶妈……理发师、糖果商和厨师……成群的牲畜（如果人们吃动物的话）……医生，然后抢夺邻居家的一片土地，然后发动战争”。简而言之，因为人们是蠢猪，所以必须有士兵、统治者和法律。

但是，如果人们必须有士兵、统治者和律师，为什么不训练你们中的佼佼者来从事这些工作？如同训练一些人成为医生，另一些人成为律师，还有一些人成为工程师一样。试想，吃一个人开出的药，只是因为他展示了有人支持他！试想，让一个人建造世界上最伟大的桥梁，只是因为他人缘很好！你指责我剽窃毕达哥拉斯，但事实上，你就是相信民主即政治的毕达哥拉斯主义者——你迷信数字，以数字为神。你的平等是不平等的平等，只是口头上的平等，永远不是现实；你的自由是无政府状态的自由，你的民主孕育和传播于先天性的病灶之中，它不可避免地会消亡；你的言论自由是对谎言的许可；你的选举是一场奉承和搪塞的竞赛。你们的民主是一种贵族政体，也是落入你们手中的天才的悲剧。也许你喜欢民主，因为你就像民主一样：你所有的愿望都是在一个层次之上的，你从来不会想到要尊重其中的一些愿望，约束其他的愿望。你从来没有想过，培训一名政治家比培训一个擦鞋匠需要更多的时间。但是，政治家风度不是通过公民投票赋予的，而是经过多年的努力，而且必须在不提交表决的情况下获得担任公职的特权。智慧是一种过于微妙的东西，无法被暴民粗糙的感官感觉到。行行出状元，因为它的专业化和培训耗时漫长。但因为充任官员的人拒绝专业化和被培训，在官员的嘴里政治这个词已经变得不再光彩。因为人们会让任何一个人成为领袖，没有一个真正的男人会服从人们的选择。

文化与奴役

当然，这里有很多夸张之处，正如一个物质需求和社会关怀与雅典的寡头政治集团捆绑在一起的人所预期的那样，正如一个亲戚和好友都死于反民主国家军队的战争中的人所预期的那样。民主国家的军队，在早年亲历了伯罗奔尼撒战争的民主管理不善和雅典无序个人主义的发展。但这也给那些足够强大的人以教益，他们甚至可以从敌人那里学习。在这一点上，强调这些教训会使我们走得太远，我们目前的计划是遵循柏拉图的指导，直到我们对他的立场有一个明确的看法为止。

我们将设想柏拉图所希望的教育计划。我们将假定，在出生时就被列入名单的人中，有一部分人经受住了一次又一次的考验，“尝试了哲学宝贵乐趣”的5年，并顺利地通过了实际事务的磨难，这些男人（和女人，正如我们将看到的那样）现在自动成为柏拉图理想国的统治者。真金不怕火炼，让我们拭目以待。

对国家的监护人来说，首要的原则是国家的职能。因此，他们的职能是一种积极的职能，他们应该领导人民，而不仅仅是作为争端的仲裁人。终于，他们成为有意识的社会演变的主角，从今以后，他们决意塑造社会组织的远见卓识，而不是偶然性的权宜之计。他们知道，他们应是有远见和协调能力的专家，他们会进行相应的立法，不会再考虑征求人们的看法，就像医生不会问人们应该采取什么措施来保护公众健康一样。

首先，他们将控制人口。他们将认为这是有计划的发展不可或缺的先决条件。州不能大于统一的国家，也不能超越中央政府的有效控制。人们可以随心所欲地交配，这是他们自己关心的问题，但他们必须清楚地认识到，生育是国家的事情。必须科学生育，而不是因情爱而生育。婚姻将是一种暂时性的关系，为了优质的后代，婚姻中的人可以经常性地重复交配，人们不能在30岁以前生育，也不能在40岁以后生育。畸形或患有不治之症的儿童将面临死亡。孩子必须在出生时离开母亲，由国家抚养。如果妇女要成为真正的公民，就必须对公共福利感兴趣，她们要爱的不是小小的家庭，而是一个伟大的社区。因此，妇女就必须摆脱子女的束缚。

妇女要成为公民。如果让一半人失去对国家的兴趣并退出服务，那么将是愚蠢的。妇女将获得所有提供给男子的教育优势，她们甚至会在比赛中赤身裸体地与男子摔跤。如果她们中的任何人，而且肯定会有部分人能通过所有的测试，她们也将成为国家的监护人。出于政治目的，人们不根据性别来区分，而应根据能力来区分。有些女人可能不适合做家务，但适合当统治者，那就让她们统治吧；有些男人可能不适合当统治者，但适合做家务，那就让他们看家吧。

没有家庭，没有明确清晰的父子关系，就不能有个人的财产继承。监护人将持有所有的共同财产，没有“德尔图良例外”（我们共享我们所拥有的一切，除了女人）。如果没有个人遗赠或“建立家庭”的可能，监护人就不会有积蓄物质的动力，也不会因为对未来的担忧而囤积物质，因为劳动阶层将会给他们提供适度但足够的物质维持生活。他们无须使用金钱，他们将过着艰苦朴素的生活，致力于共同防御和发展等问题。他们没有家庭联系，没有私人财产和奢侈品，没有暴力和诉讼，不分你我。他们没有任何理由压迫劳动者，没有任何理由为自己牟利。他们将在行使自己的崇高责任和权力时感到高兴。他们不会为了自己所在阶层的利益而立法，他们会为了社会利益而立法。他们的快乐在于创造一个繁荣和谐的国家。

在监护人领导之下的是士兵，而士兵经过专门挑选和训练，并得到劳动者的支持。这些劳动者是谁？他们将是那些在测试中被淘汰的人。专业化的要求会迫使他们为那些有领袖天赋的人劳动。他们对国家的发展方向没有发言权，如前所述，发言权是对已证明的能力的奖励，而不是一种“自然权利”。坦率地说，一些人只适合当奴隶，而用“劳动的尊严”这一说辞来粉饰这一事实，只不过是民主政治家屈服于各种无礼之举的例证之一。劳动者不知道更微妙的幸福，只知道他们正在做他们适合做的事情，并为维持社会繁荣做出贡献。尽管如此，这些劳动者同国家的其他成员一样，将在这样一个有组织的社会中各展所长，人尽其才。为了确保他们不会叛逆，他们将接受“神圣谎言”的教导，即他们在国家中的地位和作用是由神决定的。对这种相当明智的玩弄事实感到不寒而栗，是没有意义的。有时，真理是知足的障碍，必须把真理放在一边。众所周知，医生用及时的谎言来治疗疾病。如果你想这么说的话，这种欺骗所激发的劳动可能就是奴役，但它是秩序的必然条件，而秩序是文化和社会成功的必然条件。

可塑性与秩序

有人会问，这是正义的吗？也许除了秩序之外，还有其他的事情需要考虑；也许对秩序的渴望是一种疾病，就像一元论对统一的渴望一样；也许它是先验思维类型的必然结果；也许它是哲学家普遍无力面对可能的非理性现实的一部分。在此，为了秩序的缘故，大部分人民必须在沉默中工作：他们不能表达自己的愿望。在此，为了秩序而牺牲了社会的可塑性、自由的多样性、结构的松散性和可变性，这恰好是社会重建的所有建议和力量之所在。如果历史的万花筒中隐藏着教训，如果一个政治制度的宪章没有为它自己的改革提供任何规定和便利，那么这个政治制度注定要夭折。可塑性是最重要的。人类的理想会改变，国家、机构甚至神都会与时俱进。“一个国家的法律和秩序”，并“不是每一种善的起因”，它们是所获得的善的保障，但也可能是想获得的善的障碍。一个没有批评和变革自由的国家，就像一艘平稳的帆船，它屹立不倒，却不能移动。这种状态是一个几何图形，是从不可能的前提发展而来的完美的三段论。物极必反，否极泰来。在这样的国家中，不可能有嗜好乌托邦的柏拉图。更不用说苏格拉底了，他认为未经审视的生活，是不值得过的。这将不是哲学家的国度，而是牧师的国度：确凿无疑的是，这样的国家的基础，不是清晰的辩证，而是神圣的谎言。这就是贵族最高的悲观主义和终极的无神论，贵族不相信真理的最终批判性。当然，也可以谈一谈民主。诚然，民主不是一个问题的解决之道，而是一个新增的问题，但它至少是一个路遥知马力的问题。诚然，习惯于奴隶制的人无法掉过头来，并明智地自我统治，但是还有什么比他们通过不可避免的试验和错误来学习更好的呢？从哪里跌倒，从哪里爬起。诚然，医生在开处方时不向我们请教，但在他们被选中被召唤之前，他们也不会来找我们。“监护人要求另一个监护人来保护他，这实在太荒谬了。”但他会这样做的！除非所有人都分享权力，否则权力就会腐化。“如果只有少数人像分享艺术一样分享美德，那么城邦不可能存在。”在奴隶的背脊上建立文化，就如同在维苏威火山之上建立城邦。人不会永远被欺骗，至少是不会永远被同样的谎言欺骗！以这样的乌托邦收场，除了屈从于色拉叙马库斯，为强者的利益而辩护和抗争之外，还有比这更好的结局吗？这是正义的吗？

正义的意义

“但是，什么是正义？”柏拉图问。你难道没看出来我们的正义观念是贯穿始终的症结之所在吗？正义只是一个讲真话的问题吗？胡说八道。让我们的孩子相信这一点也许是好的，但并非稚童的人知道，在某些特定事件的关键时刻，谎言比真话更有效，那么谎言就是正义的。真相是一种社会价值，而这恰恰是它的正义性之所系。如果谎言证明了它的社会价值，那么谎言也能获得了正义性。正义与某些绝对永恒的法则的混淆，源于伦理与政治的分离，源于试图从对个体的研究中得出正义的定义。道德源于政治，正义本质上是一种政治关系。就整个国家而言，很明显，除非能起作用，否则没有什么是“善”的。声称正义，要求国家以一种自残的方式来构建秩序，必将是荒谬的。社会组织必须是有效的，如果有助于政治秩序的有效性，谎言和阶级分层就是正义的。当然，社会的有效性妨碍了适合立法的人，使得他们像鹅卵石一样终生沉默，或者禁止人们统治那些天生的贩夫走卒。至少，对政治而言，正义意味着社会中的每个成员都在做着他自己注定的事情，而这正与他自己的自然能力吻合。非正义，是一部分人对另一部分人的侵犯；正义就是各司其职，各尽其责。那么，正义就是社会的协调与和谐。正义不是“强者的利益”，而是整体的和谐。因此，对个人来说，正义是一个统一人格的和谐运作，个人本性中的每个要素都得到应有的发挥。同样，正义不仅是力气或力量，而且是和谐的、有组织的力量，正义是有效的秩序。有效的秩序需要阶级分层。你可以轻而易举地说出民主的诸多益处，但是你会面临等级，因为人永远是分三六九等的。黄铜不可假冒为白银，白银不可假冒为黄金。纵使千锤百炼，黄铜仍然是黄铜。当然，黄铜不会认为它是黄铜，但我们最好让它明白，它就是黄铜。即使我们不得不说一千个谎言，也要让它明白它就是黄铜这一事实。

至于变化和可塑性，请记住，贩夫走卒是没有价值的，除非他们有助于一个更好的社会。他们确实促成了变化，但并未变得更好。历史是一场变化的闹剧，如果没有某种组织来控制，各种变化就会互相抵消，不可避免地以徒劳无功而告终。我们的问题不是如何改变，而是如何让我们中最好的大脑为了更美好的生活控制变化。

柏拉图的未来

本章既有大道至简，也有一大堆令人困惑的建议。人们很想追求最终的现实意义，但这样做会对后面各章的主题造成太多干涉。本章最重要的不是接受或驳斥柏拉图政治哲学中的任何特殊要素，而是要看到政治和哲学在他的头脑中是如何不可分割地联系在一起的。从根本上说，这是一种努力的两个方面；这是改造事物的激情；这是看到完美和创造完美的意志；这是欧洲历史上第一次阐述智慧的勇气，这种勇气不仅会感知，而且会重塑。柏拉图并没有闭门造车，而是拥有娴熟的王者灵魂，这一灵魂流动于生活的温馨与丰富之中。柏拉图描绘了乌托邦，但同时他强调通过教育解决社会问题的重要性，并建立了有史以来最著名和最有影响力的大学，即柏拉图学院。我们可以遥想，他在自己创造的大学的花园和演讲厅里，安排、监督和协调诸事，培养出国家期待的政治家——而不是徒劳无功。柏拉图不仅把人们带到对统一和完美的美好憧憬中，还教导人们创造的艺术，并用一种新的艺术热情来激发他们。这就是他想要做的事情，而且他如愿以偿了。正如埃德蒙·葛斯在他的著作《易卜生传》中指出的:“最伟大的作品变得越来越重要,就像树木在种植它们的凡人死后成长为参天大树那样。”《理想国》和柏拉图学院皆如此。

领会本章中“古代最高哲学”深刻而微妙的精神和意义,并非易事。在柏拉图的“乌托邦”中,无疑就有一条规则反对就如此广泛的现象进行如此简短的叙述。轻描淡写,必然导致柏拉图观点的混乱,而且不可能把注意力集中在柏拉图时代的政治和哲学意义之上。在本章,读者的感觉就是,轻描淡写,亵渎了哲学的帕特农神庙。也许,如果继续叙述,我们将能够更多地领会柏拉图思想不朽的价值:在后文讨论的几乎每一件事中,柏拉图的声音仍将回响,即使我们并未提到他的名讳。如今,柏拉图终于回到自己的世界,就像文艺复兴时期一样,几个世纪前,关于柏拉图哲学的第一个错误解释者的影响占据了主导地位。几代人在《尼各马可伦理学》的温情之上繁衍生息,他们屈服于正在学习和感受《理想国》炽热、建设性的激情的一代人。已经沉睡两千多年的柏拉图,属于未来。

第三章

弗兰西斯 · 培根

约翰 · 杜威写道：“当我读到柏拉图时，我认识到哲学源于某种意义上的政治根基与使命，哲学的问题也是一个正义的社会组织所面临的问题。但它很快就迷失在另一个世界的梦中了。”柏拉图和亚里士多德是欧洲的智慧中心。但是在亚里士多德时代，随着对人和制度的大量敏锐观察，我们发现人们对重建的兴趣越来越小。亚里士多德把太多的时间花在研究柏拉图的著述上，这使得他的想象力被逻辑扼杀了。从斯多葛学派和伊壁鸠鲁学派，伦理开始与政治疏离，哲学服从于宗教需要，这也是当时思想的一部分。亚历山大征服了东方，却让东方主义征服了希腊。在经院哲学之下，伟大思想的命运就是在一个由外部权威决定的结论体系的牢笼里，重走陈旧的道路；维护既定结论的义务，排除了对思想重建功能的任何实际承认。随着文艺复兴这个希腊文化的印度之夏的到来，重塑世界的梦想再次出现。

坎帕内拉透过监狱牢房的黑暗，窥见共产主义乌托邦的愿景。重新发现柏拉图的那些学生，则描绘了类似的场景。事实上，柏拉图影响力的再次觉醒，给了文艺复兴时期的人们一种鼓舞，即有组织的智力中蕴藏着潜力的奇迹。再一次，人们面临着用自然伦理取代超自然宗教专制制裁的任务，人们曾一度希望苏格拉底的思想最终会取得应有的成果。但是，人们又一次迷失在这样一种观念之中，即有教养的阶层坐享奴隶的艰苦劳动。这种观念被清教徒以及更为民主的宗教改革的爆发阻止，这也许是件好事。世界需要的是一种方法，需要救赎的不是某个阶层，而是给所有人带来希望。伽利略和罗吉尔·培根强调假设和实验的价值，强调归纳与演绎相结合的必要性，从而开辟了满足这一需要的新道路。弗兰西斯·培根仍需为有组织地使用这些新方法铺平道路，并以他对这些新方法的社会可能性的热情憧憬来激励整个欧洲。

性　格

如果你要理解培根，你必须把他看作一个管理者，而不是一个哲学家。你会发现他是一个很有实践能力的人：他一手重塑了哲学，又统治了英格兰的一部分，更别提他还在闲暇时撰写了莎士比亚的戏剧！他从年轻时的穷困潦倒，辉煌地上升到政坛一人之下、万人之上的位置。同时，他还奔走于人类知识的各个领域，用高贵之手散播赞美与批评。作为英国历史的一部分，如果我们对此并不熟悉，我们肯定会满腹狐疑，培根宽广而深入的研究，竟然是在频繁政治斗争的闲暇时间偶然完成的！大隐隐于市。培根热爱生活，胸怀世界。生命对他来说不是“短暂的蜡烛”，也不是“梦想之类的东西”；生命是一份光荣的礼物，对于那些愿意身体力行的人来说，也是一份巨大的祝福。他不是胆小的苦行僧，像苏格拉底一样，他知道逃避快乐就是怯懦。幸运的是，对于灵魂无羁的他来说，要做的工作很多，机会也很多。他从知识权威的枷锁中挣脱出来，兴高采烈：他看到一个未知的未来，看到为敢于塑造未来的人准备的原材料，他敢于这样做。他一生都在用心做事，他的每一天都是一次冒险。他被逐出政坛，兴高采烈地投身于重建科学的事业；他不会忘记自己曾是一位管理者，就像柏拉图不会忘记他曾是一位剧作家一样；他发现思想世界一片混乱，因而为协调人类生活留下了一个有计划的过程；整个欧洲，都响应他关于“扩大人类帝国边疆”的呼吁。他兴高采烈地工作，直至生命的最后一刻，之后安然离世，“有真诚追求的人，就像一个在搏斗中受伤的人，很少感受到伤痛”。

消除成见

一个有经验的政治家，不再为国王服务，转而为真理服务，试想培根此时的反应。他离开了旧领域，而在旧领域，所有人都屈从于一个领袖，都服务于一个目标；他进入新领域，所有人都为自己工作，没有分工，没有工作组织，没有相互关联。在旧领域，他发现了行政管理；在新领域，他发现了一种率真的自由放任。在旧领域，他发现了秩序；在新领域，他发现了无政府状态。在旧领域，他找到某种共同目的和共同努力的感觉；但在新领域，没有这种目的和感觉。培根马上就明白为何哲学在有识之士中名声欠佳。“因为人们很容易轻视真理，因为人们对真理多有争议，所以人们认为那些从未谋面的人都是错误的。”培根立刻明白了为何这个世界几乎没有被沉思和研究改变。培根是这样一个人：他对人类普遍苦难的意识过于敏锐，且无法得到慰藉；他认为孤立的游击队对最美好的真理前哨发动攻击，每一次攻击都带有令人嫉妒的奇特战略，但供给本身错位，结局更是毫不相干，而他看不到补救的希望。然而，如果在新兴的科学和复兴的哲学中人类的疾病无法得到治疗，那么，在其他方面，人们能找到希望和治疗的方法吗？

培根认为，别无捷径。除非首先在实验室和研究中获得成功，否则在政治会议上他们永远不会获胜。没有任何公民投票或王室法令能使人获得自由，只有真理才能使人获得自由。人类的希望，在于重新组织发现和解释的过程。除非因社会目的和社会需求而重生，否则哲学和科学就不会有生命，新的灵魂由此成为必要。

首先，古老的灵魂必须被驱除。沉思者和研究者必须拿出一份反对神学的独立宣言。“迷信和神学的混合物对哲学的腐化……流毒甚广，危害巨大。”寻找终极原因，发现自然规律，这些应该留给神学家去做。科学的功能不是为了解释自然的目的，而是为了发现自然中的因果关系。必须摆脱教条的束缚。“如果一个人从确定开始，他将以怀疑结束；但如果他愿意从怀疑开始，他将以确定结束。”必须摆脱教条的束缚，因为它以演绎为基本方法，而把演绎作为基本方法是灾难性的。

但这还不是全部，在准备工作中还有更多的内容：必须普遍地

“消除成见”。如果想要正确地、有益地思考，头脑中充斥的偏见、狂野的幻想、“偶像”的崇拜或狂乱的想象都必须消失。只有抛却私利，才能得到公义。要注意一种非常普遍的倾向，那就是把秩序和规律强加于世界，然后假定它们就是事物本身所固有的；或者以一种先入为主的观点看待所有的事实，并谨慎地忽略所有相反的例子；或者过于轻信奉承，指鹿为马。审视自己，看看你内心成长起来的偏见之林：通过你喜怒无常的态度来审视，通过你所受的教育来审视，通过你的朋友（友谊往往是带有偏见的协议）来审视，通过你最喜欢的作家和权威来审视。如果你发现自己对任何事情都有特别的满足感，那么开始质疑吧。要谨防言语，因为言语是因众人的忧虑而强加于你的。要切记，不要把事物抽象化。偶尔要提醒自己，你不是所有事物的尺度，而是它们扭曲的镜像。

首先要清除偏见之林。然后，采取归纳法。归纳法是所有真理的根基和源泉：耐心地归纳，听从事实的召唤，尤其要对那些令人厌恶的反例保持警觉。这并不是说归纳法就放之四海而皆准。当然，还应包括实验，并强调猜想。（显然，它服务于演绎法，因为所有科学的目的，都是通过归纳法概括出来的原理进行演绎，从而做出预测。但同样明显的是，这个过程要发挥效力，就必须依赖归纳法的可靠性：归纳法虽然是科学的仆人，但所有人都要受它支配。）形成归纳方法，保证整个过程有序进行，并避免陷入草率结论所导致的困境——对科学来说，这是生死攸关的大事。

知识就是力量

现在，有了这些程序或方法的保障，我们终于可以面对自然了。我们该如何提出问题？“正确提问，相当于科学的一半”，就是说，知道如何正确提问，也就了解了一门科学的一半。

你应寻求规律，或者借用柏拉图的术语来说，寻求形式。“每个认识过程，都有物质和形式：物质是过程或行动的基石，而形式则是过程的方法或规律。尽管在自然界，独立的物体真实存在，遵循固定的规律独立运动，此外别无他物。然而在哲学界，每条定律，以及人们对它所做的调查、发现和阐释，都是知识与行动的基础。这样的定律及其子定律，就是我所说的‘形式’。”问题不在于事物是什么，而在于它如何运作。更重要的是，如果你审视“事物”的概念，你就会发现它实际上是关于“事物”行为的概念；“是什么”，最终都会指向“为什么”。每一个“事物”都是一台机器，其本质或意义，不是对其部件的简单描述，而是对其运作方式的描述，这就好比你在一台机器前问一个男孩它是如何运作的。关于自然，你要确保你问的是同样的问题。

就观察而言，如果你知道一个事物是如何运作的，你便走在了管理和控制它的道路之上。的确，“形式”可以定义为一个过程可控之前必须了解的所有因素。在此，我们看到了科学的意义：它是一种为发现某些规律所做的努力，我们必须掌握这些规律，为的是让“我们的头脑能够驾驭事物的本质”。科学是将控制公式化，知识就是力量。科学的目的，不仅是认识，还是重建。每一门科学，都应成为一门艺术。那么，对知识的渴望，就不仅是出于好奇心，它还是为获得力量而进行的奋斗。我们应“拷问自然，迫使它接受反驳”。当这一观念占据统治地位时，诡辩就寸步难行了。“新的逻辑的目的，不是发现论点，而是发现艺术……不是解释可能的原因，而是为作品进行规划和设计……不是在辩论中驳倒对方，而是用行动征服自然。”

但是，在认识其他事物时，人们使用的是诡辩，而非逻辑。所有人与人之间的争吵，组织与组织之间的纷争，如果难分胜负，那都是诡辩的结果。胜利不断转换，而最终的结果是毫无意义的。真正的成就就是胜利，不是战胜别人，而是与他们并肩战斗。

> 我们不妨把人类的野心划分为三种类型，或者说划分为三个等级。第一种野心是要在本国扩张自己的权力，这种野心是庸俗和堕落的。第二种野心是要在人类社会扩张本国的权力和影响，这种野心虽有较高尊严，但也有较多贪欲。如果有人试图在整个宇宙扩张人类的权力和影响，那么这种野心（假如可以称为野心），无疑比前两种更为健康和高尚。人类凌驾于事物之上的帝国，完全依赖于艺术和科学。因为我们若不服从自然，我们就不能支配自然。(《新工具》，第一卷，第129页。)

科学的社会化

大自然并没有胜算。“我接受宇宙，”玛格丽特·富勒说。“太好了！你最好这样！”卡莱尔说。培根说，我接受宇宙，但只是以它为原材料。我们将倾听大自然的声音，也只有这样我们才能听懂大自然的语言。我们将弯下腰来，以征服大自然。

没有什么是不可能的，唯有思考使之成为可能。

> 到目前为止，阻碍科学进步和承担新任务的最大障碍……在于人们感到绝望，认为事情是不可能的……因此，如果任何人相信或承诺更多，人们会认为这些人是不理智和不成熟的。（《新工具》，第一卷，第 92 页。）

如果我们愿意，没有什么事情是我们不能做的，且我们必须愿意。必须愿意，既是手段，也是目的。我们将永远拥有一个由人类主宰自然的帝国吗？很好！这要求我们组织艺术，管理科学。

> 试想，从有充足闲暇的人，从劳动的关联，从代际的延续中，我们真能期待什么吗？这是因为，一己之力过于有限，如推理能力有限，而各行各业可以尽最大努力分工与协作，可以集思广益。因为只有这样，人们才会知道自己的力量，不是许多人做同样的事情，而是各司其职，各尽其责。（《新工具》，第一卷，第 113 页。）

在研究中，应该有更多的合作，减少混乱的竞争。合作应该是国际化的，世界各地的大学，只要从事研究，就应该像一家大型制造厂的不同建筑物一样，各有其独特的专业和追求。值得注意的是，“学院和大学之间，无论是在同一个国家和王国里，还是在整个欧洲，都很少有共鸣和联系”。[1]“为什么不能把世界上所有的研究都协调起来，统一前进的方向呢？也许寻求真相的人不愿意这样做，但这一点已经被证明了吗？如果愿意合作的人太少，就不值得进一步努力了吗？没有验证，我们怎么知道呢？我承认天才可能仍在外围徘徊，但毕竟研究几乎不是有关天才的事情。我提议的课程……就像树叶一样，尽管对机智的敏锐和力量影响不大，但几乎涵盖了所有的机智和理解。”[2]给天才提供更大的领域和更充分的自由，最迫切地需要协调的，是追随天才与先贤的工作。研究的组织性，意味着真正的天才的解放：从实验中从机械的重复中被解放出来。协调也不意味着条条框框，让每个人都追随自己的爱好，去上任何一所指定的大学，去调查特定的项目。自由，除非是有组织的，否则都是徒劳的。

你知道，这是一个科学社会化的计划。这是一个宏大而高贵的愿景，要实现它，就需要“真正的大型歌剧院”；这是一项国王的事业，“个人的努力，只能是十字路口的标志，它指明了道路，但不能让你踏上征程”。[3]它需要立法拨款，就像现在仅赋予立法拨款，治理人们在陆地和海上的竞争性破坏行为。

> 如果不想对许多值得了解的事情一无所知，正如王子的秘书和国家的间谍带来情报单一样，人们必须允许自然的间谍和情报

① 《学术的进展》，第二卷，第一章。
② 《新工具》，第一卷，第 61 页。
③ 《学术的进展》，第一卷，第一章。

人员把他们的情报单带进来。如果亚历山大听从亚里士多德的建议，投入巨资，资助捕猎、猎鸟、打鱼，等等。那么，在这种仁慈之下，大自然的迷宫就会展现在人们面前。(《学术的进展》，第二卷，第一章。)

科学与乌托邦

这种科学组织，就是培根的乌托邦概念。在《新亚特兰蒂斯》中，培根以朴素而有力的散文语言，向我们描绘了这样一个国家：科学组织已经出现在国家舞台之上。这是一个名义上由国王统治的国家（培根永远不会忘记他是詹姆士一世的忠实臣民和顾问），但“国王的文治武功之一……就是建立一种我们称为所罗门学院的秩序或社会；我们认为，所罗门学院是地球上最崇高的基础，也是这个王国的明灯，它致力于研究一切事物的性质”。每隔 12 年，所罗门学院就会向世界各地派出一批“光明使者”，替代那些已在国外待了 12 年、收集各种艺术和科学领域信息和建议的人，后者则带着书籍、工具、发明和想法满载而归。“因此，你看，我们维持贸易，不是为了金银或珠宝，不是为了丝绸或香料，也不是为了任何其他商品或物质，而是为了上帝的第一个造物，那就是光。”同时，在这个王国，还有大批人在实验室忙碌着，进行着各个领域的实验——动物学、医学、营养学、化学、植物学、物理学等。此外，有人负责“收集所有书本上的实验，尝试新的实验，把实验结果制成图表”；有人负责“研究同僚的实验结果，筛选出那些对人类生活有益的成果”；有人指导新的实验；还有人则从实验结果中提炼出“规律、定理和格言”。“我们还可以模仿鸟类的飞行，我们有各种类型的飞行模型，我们还有可以在水下航行的船只。”至于所有这一切，培根以他特有的语气强调说：“都是为了扩大由人类统治的帝国的疆域，都是为了扩大所有可能实现的事务的影响力。”

科学中的经院哲学

科学中的经院哲学源于文艺复兴，尤其是指关于音乐的某种形式。它是伊拉斯谟的声音，而不是路德的声音；它是一种更宏大的、不那么受阶层约束的远见之声，而不是那些令人动容、彬彬有礼的愚蠢之声。那些没有在当时的宗教动乱中迷失的思想，响应了培根重新开始的呼吁；一种“解放的感觉……新的命运，在培根思想的触动下，在那一代人中跳动着”。培根公正地表示，他“敲响了召集智者的洪钟”。1660 年，一群伦敦学者组成皇家学会，他们是从培根那里获得灵感的，也就是从他的组织计划中的“所罗门学院”获得灵感的。狄德罗和达朗贝尔承认，培根的著述给他们的冒险事业带来了动力，尽管国王禁止他们编撰和分发《百科全书》。彼时，在笛卡儿关于身心和知识问题长达两百年徒劳无功的探索之后，培根对思想的社会重建功能的强调，使思想的力量和吸引力焕发出新的活力和感染力。世界回归苏格拉底、柏拉图和培根。

有成就，也有幻灭。过去的两个世纪告诉我们，没有科学的帮助，就不能解决我们的社会问题。我们有了诸多发明，其结果是什么？在创造性的年代里，阶级和阶级之间的差距越来越大，现在已经不是阶级分层，而是种姓制度了。社会和谐，只是一部戏剧中短暂的插曲，但它比舞台上的任何一部戏剧都更具爆发力。受过科学训练和适应科学的人，像克鲁泡特金王子一样，抛弃了科学，因为科学背弃了赋予科学活力和价值的目标。

科学的目的是什么？科学家认为科学的目的是什么？实验室里人满为患，但除了对自身不断增长的知识的功能进行纯粹的物理重建外，他们对其他任何东西都一无所知。专业化使科学分裂得如此之深，以致几乎没有一种全局性的观念能够存活下来。经院哲学的幽灵——一种与社会目的脱节的对知识的追求，徘徊在科学世界的显微镜和长袍之下。这一切的结果就是，对于那些有知识的人来说，他们被赋予更多的目标，而不是主动给出目标。看看培根的话吧：

> 科学进展甚微的另一个强大而有力的原因，就是当目标本身没有被正确地确定时，就不可能有正确的路线。(《新工具》，第一卷，第 81 页。)

具有明显社会功能的科学，由于完全丧失了方向感而萎靡不振。例如，所有心理学，现在不过是在那些敢于“为这门科学的根源稍微搅动世界”的人的刺激下复苏的聚焦感，因为他们在重建心理学时已经认识到它的目的和意义。直截了当的事实则是，除非一位科学家也是一位哲学家，具有一定的观察事物的能力——除非他能结束坐井观天的状态，走出自己的“洞穴”，否则他就无法指引自己进行研究。

> 你如果只是庸庸碌碌之辈，并未鹤立鸡群，你就无法取得重大的发现，更无法高屋建瓴地推动科学的发展。（《学术的进展》，第 131 页。）

要真正为生活服务，科学就必须从价值观的歧视、人类目标的思考和契合中得到启发：没有哲学的视野，科学不过是拆开传统手表的传统孩子，除了传统的结果之外，了无新意。

控诉不止于此。科学是为研究而组织起来的，尽管组织得很不完美；它几乎不是为了社会的应用和控制而组织起来的。科学是可以用来维系秩序的重要元素，同时能促进实验性和渐进式的变革，但这一概念才刚刚出现。事实上，在政府事务中，科学能力的运用和遵循，仍然是一个令人怀疑的程序。例如，市政事务的管理应被授予受过社会科学训练的人，而不是被授予善于用演讲的甜言蜜语拉选票的人。这仍然是异端邪说，或单打独斗的冒险。培根既是管理者，又是哲学家。让我们看看他的说法：

> 把自然之体托付给经验主义者是错误的。经验主义者通常依赖几张药方，却不知道疾病的原因、病人的体质、事故的危险，以及真正的治疗方法。因此，让经验主义的政治家来管理国家的公民团体，肯定是危险的，除非政治家能与其他扎根于学习的人密切合作。相反，在学识渊博的管理者的领导下，几乎没有任何政府是不繁荣的。（《学术的进展》，第一卷。）

柏拉图复活了。是的，正如希腊哲学是现代哲学家的生面团一样，现代哲学家得以一次又一次地揉面和烤面包。这一将现有最佳智力应用于社会秩序和发展问题的重要学说，必须在每一代人中得到重申，直到世界最终求得真理并免于重蹈覆辙为止。

欧洲的亚细亚学派

但是，培根在历史连贯体中的地位，很难通过将他与柏拉图联系起来加以描绘。人们把培根视为人类智慧史诗中的一位新主角。这是巫术与科学、超自然主义与自然主义、膜拜精神与控制精神之间无休止的战争带来的另一个打击。原始人多如蝼蚁，广布四方，把大自然看作值得敬畏和服从之物，视为可以通过仪式、牺牲和祈祷来糊弄的东西。在社会大混乱的时代，例如野蛮人入侵西欧的千禧年，人类精神结构中的原始元素，通过不断堕落的文化表现出来；宗教仪式丰富，情感泛滥，地位多样。人类的天性就是崇拜权力：如果觉得外在的力量比内在的力量更为强大，他就会以一种谦卑的恐惧崇拜自然，依赖巫术和超自然的奖赏；如果觉得内在的力量比外在的力量更为强大，他就会看到自身和其他改造活动中的神性，不是崇拜和服从自然，而是控制和指挥自然。当然，第二种态度来自知识，以及表达知识的行动；自然一旦被认识，就不应该被崇拜，这是符合人性的。那么，当一个人崇拜自然而不努力控制自然时，他就是原始的；当一个人停止崇拜自然并开始控制自然时，他就是成熟的人了——此时，他已明白，“自然不是庙宇，而是车间”，自然不是通往神性的障碍，而是乌托邦的原料。

培根的本意不是用归纳代替演绎，而是把重点从崇拜转向控制。需要强调的是，培根曾经因柏拉图而欢呼雀跃，但很快又被东方哲学深深地吸引。东方哲学是现代思想的两大主导因素之一（另一个是人为的对知识问题的困惑），并且，除非培根元素最终服从于笛卡儿，否则“现代”这个词就不能自诩为颂歌。因此，培根，而不是笛卡儿，才是现代哲学的开创者；至少，可以说培根是18世纪启蒙运动中叛逆思潮的发起者之一，并在19世纪的科学胜利中获得了至高无上的地位。现代哲学中最重要的哲学家，其排序不是笛卡儿、贝克莱、康德、黑格尔和柏格森（因为这些哲学家都属于欧洲的亚细亚学派），而是培根、霍布斯、孔多塞、孔德、达尔文和詹姆斯。

世界的希望，正在于这种坚定的控制精神——控制外在的物质，控制内在的激情。聚沙成塔，聚水成涓，我们将为自己创造一个更美好的世界。难道我们就不能找到一种方法来消灾祛病，控制人口增长吗？难道我们就不能在可塑性组织中找到革命的替代品吗？甚至，难道我们就不能成功地把对权力的欲望，转化为征服阻碍人类的力量的雄心吗？难道我们就不能让人们明白，人类对自然的胜利，比任何个人战胜个人的胜利，都是更大的幸福吗？与人类血流成河的所有军事胜利相比，难道战胜细菌就不能让人感到更加光荣吗？这是真正文明的开始，也是人类的标志。“环境改变动物，而人改变环境。”

> 纵观整个世界历史，在欧洲存在一种倾向，那就是自然服从人类；在欧洲之外，则是人类服从于自然。从前，最富有的国家

是那些自然资源最富饶的国家；现在，最富有的国家是那些人类最活跃的国家。（巴克尔，《文明史》，第一卷，第138页。）

控制，是成熟的标志，是欧洲的成就，也是美国的未来。有人一再认为，这是历史的戏剧，这是一场亚欧战争，这是一场自然与人类之间的战争，这是一场崇拜与控制的战争。从根本上说，这是智慧自下而上的斗争：柏拉图吹响了战斗的号角，芝诺已是疲惫不堪，培根则复兴了战斗。这不是一次毫无争议的复兴：是东方获胜，还是西方会赢，尚未可知。在东方潮流的逆流席卷之下，培根精神的追随者，需要不断地在培根取之不尽的灵感和信心源泉中汲取养分，恢复精气神。培根说："我把所有的赌注，都押在了艺术上，艺术将战胜自然。"我们要铭记培根最喜欢的格言：一艘船穿过海格力斯之柱，驶入未知的海洋。柱子上铭刻着：勇往直前，海阔天空！

第四章

斯宾诺莎

从培根到斯宾诺莎，之间尚有托马斯·霍布斯。斯宾诺莎从霍布斯那里汲取了许多思想，尽管汲取的灵感有限。霍布斯大部分思想的社会影响早已为人所知，而他并不是一个社会思想传记作家会为之争论不休的人。霍布斯既是现代哲学中最杰出的唯物主义者，又是在国家绝对主义理论中最不妥协的哲学家。对霍布斯来说，个人是好斗的，是两个世纪后赫伯特·斯宾塞所称的“国家的妖怪”，贪婪地追求一切自由。霍布斯有着哲学家天生的追求秩序的强烈欲望，一想到他的政治几何学没有预见的行动，他就战栗不已。他生活在惊慌之中：战争接连不断，而这几乎就是一场所有人反对所有人的战争。他生活在政治反应之中：人们厌倦了文艺复兴的繁荣和宗教改革的冲突，兴高采烈地投入历史敞开的怀抱。霍布斯认为，在所有群体和个人绝对服从主权国家之前，存在于自我之间、个人和国家之间的混乱，是不可能结束的。

但是所有这一切，我们之前都已提及。在此，我们只消再次提醒自己，这样我们才能更好地欣赏对个人充满活力的同情，以及对大众自由的慷慨捍卫。在文质彬彬的斯宾诺莎的书页上，所有这些都充满了压抑激情的光辉。

斯宾诺莎的精神

斯宾诺莎并不缺乏胆怯和对肆无忌惮的本能的恐惧。肆无忌惮的本能，是霍布斯社会哲学中的独裁者。和霍布斯一样，斯宾诺莎清楚民主的危险，因为民主不能自我约束。

> 那些见识过大众变化无常的脾气的人，几乎是处于绝望之中的。因为，大众不是由理性，而是由情感支配的，大众在任何事情上都是轻率的，都是很容易被贪婪和奢侈腐蚀的。(《神学政治论》，第17章。)

斯宾诺莎甚至比霍布斯更远离尘世的喧嚣，他在郊区阁楼的保护中寻求宁静和孤独，而宁静和孤独是他重要的思想媒介。他发现，至少有时“真理拥有安静的胸怀”。达·芬奇写道：“如果你是孤独的，你将完全属于你自己。”当然，歌德提到斯宾诺莎时则说：“没有人能产生任何重要的东西，除非他自我孤立。”

但是，对大众的恐惧只是斯宾诺莎天性的一部分，且不是占主导地位的部分。他对人类的恐惧，则在他无限的爱的能力中消失了。他如此努力地去理解人类，以至他情不自禁地爱着他们。

> 我的努力，不是为了嘲弄、哀叹或诅咒，而是为了理解人类的行为；为此目的，我看到了激情……不是作为人性的恶习，而是作为与之相关的属性，如炎热、寒冷、风暴、雷电等与大气性质相关的属性。(《神学政治论》，第1章。)

即便是时间和空间的偶然，对斯宾诺莎来说也是无辜的。整个世界，都在他丰富的心灵中找到了空间。尼采说："斯宾诺莎把一切都神化了，是为了在面对一切时寻求平和。"但是，也许这是因为所有的爱都被神化了。

总而言之，历史表明，没有一个人比斯宾诺莎更诚实、更独立；哲学史上，也没有一个人像斯宾诺莎那样真诚。斯宾诺莎从不吹毛求疵、争论和挑剔，即使是敌人带来的真相，他也是如此渴望地接受；斯宾诺莎胸怀似海，宽广辽阔，愿意宽恕甚至愿意原谅迫害。没有人像斯宾诺莎一样，遭受如此多不公正的待遇，抱怨却如此少。斯宾诺莎之所以伟大，是因为他能把自己的苦难与所有人的苦难融为一体——这是所有深邃的人的标志。"没有受过苦的人，"易卜生说，无法感同身受，"他们从来不创作，他们只是在书写。"

斯宾诺莎并未连篇累牍地创作。长期受苦的人，很少长篇大论。斯宾诺莎著有言简意赅的《理智改进论》，一部关于宗教和国家的小册子，以及《伦理学》。当他开始撰写《神学政治论》中关于民主的章节时，病魔征服了他。病菌从不受贿。

政治伦理学

甚至德国历史学家也承认，如果能活得更久，斯宾诺莎的基本兴趣与其说是形而上学，不如说是政治伦理学。“伦理学”是哲学中最持久的推理之旅，而斯宾诺莎这个名字则与之有着千丝万缕的联系。因此，人们倾向于从神秘的“泛神论”，而不是从协调的智慧、民主和自由思想的角度来看待斯宾诺莎。有人认为，这是斯宾诺莎哲学的缺陷，因为它很少关注认识论，但我们难道不应该对此心存感激吗？斯宾诺莎说：“哀鸿遍野，或为激情所缚，或为教士所役，或为国王所驱；民不聊生，哲学家既无心论道，亦无意玉食。”斯宾诺莎认为，在一个专制主义的反动时代，与其撰写关于主体认识对象的可能性研究的大部头著作，徒然地增加这个世界的知识积累，还不如投身于现实，捍卫人民主权的生命力。斯宾诺莎没有用认识论来烦扰自己或他人，而是思考刺激智力的增长和发展理性的伦理等问题。斯宾诺莎认为，哲学不只是坐而论道。

与苏格拉底和柏拉图一样，对斯宾诺莎来说，什么才是问题之所在，在此并无赘述的必要。人类理性要发展到哪种程度，从此理性即可取代有关社会行为的超自然法则，并提供社会重建的媒介？无论如何，有一点是值得强调的。

草率地解读其伦理学，可能会导致人们认为，斯宾诺莎把他的哲学建立于理性和激情的朴素对立之上。事实并非如此。“欲望无法被制约或抹杀，”斯宾诺莎说，“除非用另一种更强烈的欲望来克制它。”理性并非欲望的主宰，而是不同欲望之间的关联——当经验已经把各种冲动融合为一个协调体时，这种关联就产生了。一种冲动、激情或情绪，本身只是“一种混乱的思想”，并无明确追求。思想和冲动，是两种不同的心理过程：思想是被经验澄清后的冲动，冲动则是混乱之中的思想。

人是政治动物吗？

为什么会存在社会问题？是因为人之“恶”吗？胡说八道！斯宾诺莎答道：“善”与“恶”等用语传达的是道德上的褒贬，但在哲学上这是无足轻重的；除了表达“每个人都希望别人按照他的意愿来生活”，别无他意；而对于不顺服，人们选择向道德托词寻求安慰。斯宾诺莎认为，社会问题出现的原因是人类在本质上不是社会性的。这并不意味着人类的天性中没有社会倾向，而是意味着这些倾向只是人类原始本性的一小部分，且无力束缚隐藏在极其文明的外衣之下的“虎恶猿狡”的天性。人类是“政治动物”，但也只是一种动物。在处理社会问题时，我们必须以相当的敬意来考虑人类的“虎恶猿狡”，我们必须追随霍布斯，以探寻“人类的自然状态”。

“在自然状态下，每个人都可以随心所欲地生活”，不受警察条例和司法条例的干扰。他“可以尽他所能：他的权利扩展到他的权力的极限”。他可以通过战斗、仇恨、欺骗、剥削来满足内心的愿望，而他也照做不误。对这种“自然人”，我们现代人一笑置之，视其为传说，并认为我们的祖先从来都是社会人。但是请记住，斯宾诺莎所说的“社会”，不仅仅意味着区别于独处，而是指个人的任性要或多或少服从于默认的公共规则。斯宾诺莎认为，如果我们要谈论“政治中的人性”，那就得探究人类是自然地服从规则，还是自然地反对规则。当斯宾诺莎写到原始的、非社会性的人类状况时，他以心理学家的身份推断过去，而不是以历史学家的身份揭示过去。他亲切而又敏锐地观察着人类，他看到“每个人都想尽一切办法压制他的同伴。当他获胜时，总是夸夸其谈他对别人造成的伤害，而不是他为自己赢得的利益”。他的结论是，如果我们能够追溯人类历史的源头，我们就可以找到一种生物（人类或前人类）愿意，甚至乐意与同类为伴，但仍然不受社会组织的吸引或影响。

人们喜欢嘲笑斯宾诺莎和卢梭的简朴人类学，但当我们认识到在讨论人类的自然状态时历史主题无关紧要，我们就应该被嘲笑。历史根本不是重点：与其说斯宾诺莎和卢梭对过去感兴趣，不如说他们对未来的可能性更感兴趣。这就是为什么18世纪在很大程度上是由他们创造的。当一个人对过去感兴趣时，他就撰写历史；当他对未来感兴趣时，他就创造历史。

斯宾诺莎敦促道，要记住的一点是，我们基本上仍然不是社会化的；占有和权力的本能，仍然比分享、容忍分歧和在工作中互助的本能更强烈，且如果必要的话，我们就会使用压迫和剥削等手段。“自然人”并非神话，而是披着一件简陋的文明外衣，依然在昂首阔步地罔顾现实。

宗教教导我们，每个人都应该像爱自己一样爱自己的邻居，像保护自己的权利一样捍卫他人的权利。然而，这种信念对人的情感影响很小。毫无疑问，在濒临死亡的时候，疾病已经削弱了人们的情绪，人们躺在那，孤立无助。这一原则在教会是被认可的，因为那里的人彼此没有来往。但在市场或法庭上，这一原则几乎没有或根本没有效果，尽管这儿正是对它需求最大的所在。(《神学政治论》，第一卷，第5页。)

人们仍然“为了自己的利益而战，事无巨细，锱铢必较”，即使是无限的未来也未能动摇丝毫，因为这是人的本性。人们的幸福在于追求自身的利益，最大的快乐在于权力的增长。从历史的视野来看，任何一种社会秩序，如果不是奠基于人类这种旺盛的自我主义之上，就会如昙花一现，或如镜花水月。

何谓社会问题?

如果这是一个很好的基础呢？如果“美德的基础就是尽最大的努力维护自我”，那该怎么办呢？在没有任何虚伪的神秘感的情况下，这种自私自利仍然是自私自利，还是有可能变为合作呢？

斯宾诺莎的答案并不令人吃惊，这是苏格拉底式的答案，是经由深刻的心理分析得出的。智慧的解放和发展，以及自我的不和谐与冲突，将产生做梦也想象不到的和谐。人类被如此地塑造，又如此地满怀激情和默默无闻，以至他们相互束缚。如何改变呢？欺骗手段已经尝试过了，但仅仅暂时奏效。强迫手段已经尝试过了，但强迫是一种消极的力量，带来的是压制而不是激励。这是一种必然的罪恶，但并非建设性社会思想的结语。人们并非仅仅具备恐惧的能力，除了威胁的方式之外，还有其他吸引他们的方式，那就是他们对了解、理解和发展的渴望和渴求。试想，人类对精神发展的渴望，尚有诸多处女地未被开垦；试想，数百万几乎饿死的人，他们可能会学到知识。他们就是建设我们梦想中的未来和时尚之城的力量吗？人们被冲动摧残，被相互干涉动摇。如果他们对知识的渴望，也就是对自己的了解得到了慷慨的机会，那么他们还会被深深地摧残或动摇吗？人们渴望掌握理性。人们知道，即便是最卑微的人也知道，在冲动的暴政之下，最终富有成果的生活只是海市蜃楼。为了能够看清楚事物，为了能够主宰自己的灵魂，他们还有什么是无法放弃的？这种政治风度，并不经常出现在皇帝和国王的宫廷之中，但我们或许会迎来转机！

如何才能了解我们自己？如何才能了解我们内心的本性？我们如何通过这些知识来实现彼此的协调和真实的愿望？这正是斯宾诺莎思考的社会问题的核心。人的力量之源，在于他能了解自己的弱点。如果能了解自己，他就能改变自己。“一旦我们形成一个清晰的概念，激情就不再是激情了。”当一种激情被追根溯源，偏袒已是徒劳，它的尖刺已经被拔除，它无力再伤害我们。它可能会与我们合作，但它可能不会再主宰我们。它已不再锋芒毕露，已无法抛头露面，而只是我们自我的一小部分。因此，在欲望的等级体系中，激情已坠落，复归平静。“而且，我们对情绪的了解程度越高，情绪就越容易被控制。”激情是被动的，而控制就是力量。知识带来控制，控制带来自由，自由不是恩赐，而是胜利。知识、控制、自由、权力与美德，其实就是一回事。在“人的帝国凌驾于自然”之前，人的帝国必须凌驾于人民之上，人们必须协调起来。成就产生于清晰的远见和统一的意志，而不是源于行动，行动只是欲望泥潭中的泡沫。

言论自由

“首先，必须想出一种方法来提高和澄清认识。”“因为没有一样东西能比一个以理性为指导的人更优秀，因此，没有什么办法比教育人们并使他们最终生活在理性的直接权威之下更能人尽其才了。”但怎么做到这些呢？

斯宾诺莎说，首先，思想必须是绝对自由的：即使是最危险的异端邪说，也必定对我们有所教益。如果这个命题看似老生常谈，那我们必须记住，斯宾诺莎提出这个命题的时候，伽利略心碎的退缩仍令人记忆犹新，而笛卡儿正在修改他的哲学，以安抚耶稣会士。关于思想自由的一章，确实是斯宾诺莎《神学政治论》一书的核心，甚至是该书存在的理由。迄今为止，这一章仍有丰富的激励和启示意义。也许，在斯宾诺莎的作品中，没有其他著述能比这一章更为典型地展示他的温和与力量。

斯宾诺莎认为，应该赋予人民言论自由，必须赋予人民言论自由。人们可能隐藏真正的信仰，但同样的信仰将不可避免地影响他们的行为。信仰不在于怎么说，而在于怎么做。一部反对言论自由的法律，本身就是对法律的颠覆，因为它招致了良心的嘲笑。“凡是可以在不伤害他人的情况下违反的法律，都算得上是笑柄。”国家操控“与人性格格不入的事情”，将是徒劳无功的。

> 一般来说，如果他们认为正确的观点应被视为违反法律的罪行，人们不会耐心地忍受任何事情……在这种情况下，人们不认为厌恶法律和抵制政府是可耻的，而是最可敬的。(《神学政治论》，第 19 章。)

如果不允许人们在公共场合批评他们的统治者，他们就会私下密谋反对统治者。没有比那些自由被压制的人违反法律更强烈的宗教热情了。

斯宾诺莎走得更远。思想不仅要从法律的桎梏中走出来，而且要从间接的，甚至是无意的强迫中走出来。斯宾诺莎强烈地感受到国家组织教育所涉及的对自由的威胁：

> 公费创办的学校，与其说是为了培养人的天生能力，不如说是为了约束人的能力。但是，在一个自由的联邦中，如果每个请假的人都被允许在公共场合说教，由他自己承担费用和风险，那么最好的培养方式就是充分培养人们的艺术和科学能力。(《神学政治论》，第 8 章。)

比起美国中西部的州立大学，斯宾诺莎更喜欢“智者”式的“自由长矛”。他并没有提出避免由富人资助大学这类明显的替代方案。这仍是一个有待解决的问题。

在要求绝对言论自由时，斯宾诺莎触及了国家组织的基础。

没有什么比这更危险的了，也没有什么比这更有必要的了。因为，无知是威权之母。言论自由的捍卫者，从来没有听到过霍布斯这样的观点，即思想自由是对既定政府的颠覆。唯一的原因是，就大多数旧式政府而言，这一观点可能是正确的。绝对的言论自由，无疑对专制主义具有破坏性，无论这种专制主义有多么合宪。那些从心底里关心任何此类政府利益的人，如果他们犹疑是否要为斯宾诺莎喝彩，是可以谅解的。当然，言论自由创造了社会活力。事实上，没有言论自由，精神和社会发展的道路就会被堵塞，生活就不值得继续。但是，不能说言论自由有助于社会的稳定和持久，除非有关的社会组织招致批评，除非有关的社会组织从某些机制中渔利。在民主真正存在的地方，或者在走向民主的道路上，言论自由将有助于国家而不是伤害国家，因为没有人比那些知晓自己可以自由地批评政府的人更忠诚于政府了。但是，如果是在某人或某阶级的独裁统治之下，言论自由就会被消泯——与其说是被社会消泯，不如说是被政府消泯。波旁王朝覆亡了，但法国依然存在。不，如果波旁王朝留存下来，法国可能会被消泯。

但是，现在就言论自由进行辩论，就是要强调显而易见的事物。通过几个例子来提醒我们自己，可能是有益的。无论言论自由的理论多么广为人知，其实践仍然是相当零散的。一位美国教授被解雇，因为他认为美国有太多的不劳而获者；据报道，一位英国政论家被拒绝“许可”前往美国发表演讲，因为他不够爱国；现代最著名的哲学家之一失业了，因为他认为良知有权反对内阁。但是，与人们本身相比，我们的管理机构确实是无心的违规者。无论男女老幼，将要学到的最后一课，就是关于思想自由和言论自由的课程。在伦敦街头，在世最著名的剧作家发现自己并不安全，因为他敢于批评政府；当代最有能力的小说家，发现离开巴黎很方便，因为还有一些德国人他并不讨厌；一个拥有众多宪法律师的美国社区，通过用石刑砸死一群醉心于论证工团主义的可取性的男孩，来表达对“法律和秩序”的爱。也许，这个世界仍然需要许多斯宾诺莎。

美德即权力

言论自由是斯宾诺莎政治学说的基石，没有这一前提，斯宾诺莎的政治学说就无以为继。但是，斯宾诺莎早已心知肚明，言论自由问题已使他陷入“个人与国家”这一更宏大的问题。他知道，这个问题正是政治哲学存在的理由；他知道，这个问题的确是哲学的核心问题，其根源和症结存在于个人复杂的社会利己主义中。

“神醉圣迷”的斯宾诺莎异常清醒，对利他主义的社会可能性感到失望。“任何人都不会忽视任何他认为好的东西，除非他希望获得更大的利益。这是人类本性的普遍规律。”“这是必然的，因为整体大于部分。”对斯宾诺莎来说，自信地将人类行为降格为自我参照，并不涉及任何责难：“既然理性不要求任何违背自然的东西，那就要求每个人都应该……追求自己的利益。”理性要求观察。同样，自我追求是人的构成中最有价值和必要的部分。如前所述，斯宾诺莎甚至将这种自私自利与美德相提并论：

对我们来说，绝对按照美德行事，就是为追求我们自己的利益而行动、生活和维护自身的存在（此三者有相同的含义）。（《伦理学》，第四卷。）

斯宾诺莎勇敢地拒绝自我放弃和自我阉割，就我们所知，他的天性使他非常强烈地倾向于这些“美德”。斯宾诺莎说，我们要做的不是否定自我，而是拓展自我。在此，当然，智慧是道德之母。进步不在于自我压抑，而在于自我拓展。进步是美德的增长，但“凭借美德和权力，我可殊途同归”，进步是人们达成目的能力的提高。用我们自己的目的来定义进步，是我们精神甜点的组成部分；国家走向或背离我们自身的理想，就是“进步”或“落后”。

但是，斯宾诺莎说，这只是天真的呓语。一个国家是进步的还是落后的，取决于它的公民是否正在发展更大的力量来实现他们自身的目的。这种学说可能具有“危险”的含义，但智慧将面对这些含义和事实，不准备压制它们，而是准备将它们付诸现实。

正是对权力的热情，催生了最初的社会团体，并发展了社会本能。我们的各种各样的同情，我们的父母和孝顺的冲动，我们的英雄主义和慷慨，都可以追溯到因个人需要而产生的社会习惯。“因为，所有人都害怕孤独；因为，没有一个人在孤独中强大到足以保护自己并获得生活必需品。因此，人天生就倾向于社会组织。”

让讽刺作家随意嘲笑人类事务，让神学家谴责人类，让那些鄙视人类和崇拜野兽的忧郁者，尽其所能地赞颂粗鲁和鄙俗的人。然而，人们会发现，通过相互帮助，他们可以更容易地获得所需之物。只有通过联合的力量，他们才能避免无处不在的威胁。(《伦理学》，第四卷，第 35 页。)

没有一个人是对其他人无益的。人们发现他们对彼此都是有用的，而且随着智慧的增长，人们从社会组织中获得的共同利益也会增加。在“自然状态”下，即在社会组织出现之前，每个人都有“自然权利”去做他所能做的一切；在社会中，人们把这种权利的一部分让渡给社会组织，因为人们发现这种普遍性的让渡增强了自身的力量。正是对孤独的恐惧，而不是对友谊的任何积极的热爱，是社会起源的主要力量。人们之所以加入社会组织，不是因为他们有社会本能，而是因为他们加入了社会组织并衍生了社会本能。

自由与秩序

即使在今天，社会本能还是不足以阻碍非社会行为。“人们生来就不适合成为公民，但必须成为公民。”[①]因此，习惯和法律应运而生。每个人，在他清醒的时刻，无不渴望这样的社会安排，以保护自身不受侵犯和干涉。“没有人不希望生活在安全和免于恐惧的环境之中，如果每个人都可以为所欲为，这样的社会安排也就不可能出现。”[②]“注定受激情支配、变化无常的人，可以安全地生活在一起，信任彼此的忠诚”——这就是法律的目的。在理想状况下，国家之于个人，犹如

① 《神学政治论》，第 5 章，第 2 页。
② 《神学政治论》，第 16 章。

理性之于激情。法律不仅保护一个人不受他人激情的伤害，而且保护他免受自己激情的伤害。法律就是亡羊补牢。如何制定法律，使尽可能多的人能得到安全并忠于法律，这就是政治家面临的问题。法律意味着力量，生命如此，自然也如此。事实上，由“人造”国家颁布的惩罚措施，通常要比那些在“自然状态”中大多数干涉所造成的自然后果更为温和。并非罕见的是，法律（如它防止私刑）保护侵略者免受其行为的自然后果。力量是法律的本质，因此，只有将各国协调成一个拥有强制手段的庞大群体，国际法才能真正成为法律。

显然，斯宾诺莎对秩序有着哲学上的挚爱。“凡有益于人们的和睦的，就是‘善’；凡使人们不睦的，就是‘恶’。”但必须反复指出的是，不和谐往往是更和谐的前奏；发展意味着变化，而所有变化都是一种不和谐；唯有前瞻者的耳朵，才能听到变化的和谐。当然，对自由的社会制裁取决于变化的潜在价值；没有这种对新的社会可能性（这种可能性是规范的变化所暗指的）的前瞻视野，一个民族就会灭亡。斯宾诺莎并不这样认为，但《神学政治论》中有一段精彩的论述，表明他既对自由的理想，也对秩序的理想做出了反应：

> 国家的最终目的不是支配人们，也不是用恐惧来约束人们，而是要使人们从恐惧中解脱出来。这样，人们就可以在完全安全的情况下生活和活动，而不会伤害自己或邻居。我再说一遍，国家的目的不是要把理性的人变成野兽或机器。国家的目的是为了使人们安居乐业，人尽其才；是为了引导人们自由地生活，这样人们就不会在仇恨、愤怒和诡计中浪费自己的精力，也不会对

彼此采取不公平的行动。因此，国家的最终目的，就是真正的自由。(《神学政治论》，第 20 章。)

因此，斯宾诺莎对霍布斯提出尖锐的批评，并推崇自由、权力下放和民主，而霍布斯从几乎相同的前提出发，得出身体和灵魂的中央集权专制的结论。这并不意味着斯宾诺莎对民主的缺陷视而不见：

以史为鉴，当所有的权力都被授予某个人的时候，就会带来和平与和谐。因为，没有任何一种政治秩序像奥斯曼帝国的政治秩序那样持久和稳定，也没有一种政治秩序像人民国家或民主国家那样短暂，并为叛乱所困扰。但是，如果奴隶制、野蛮和荒凉被称为和平，那么和平就是国家可能遭受的最大不幸。诚然，父母和子女之间的争吵往往比主人和奴隶之间的争吵更加尖锐和频繁。然而，把父亲的权利变成财产权，只把子女当作奴隶，并不能提升家庭的生活艺术。那么，奴隶制，而不是和平，源于把所有的权力都赋予某个人。因为，和平不在于没有战争，而在于人们灵魂的团结与和谐。(《神学政治论》，第 6 章，第 4 页。)

不，自由带来的不安全感，胜于束缚带来的安全感。多数人的无知带来的危险，比权力集中在不可避免的自私自利的少数人手中带来的危险要和缓得多。即使是秘密外交，也比公之于众的风险更糟糕：

渴望绝对权力的人花言巧语，声称为了更好地维护国家的利

> 益，必须秘密地处理国家事务……但是，越是频繁地以公众福祉来掩盖自己，渴望绝对权力的人就会带来更具压制性的奴隶制……渴望绝对权力的人宁可敌人知道他们的全盘计划，也不愿向公民揭示暴君的邪恶秘密。秘密处理国家事务的人，就是拥有绝对权力的人。他们在战争时期密谋对付敌人，在和平时期则密谋对付人民……因小失大，显然是愚蠢的。（《神学政治论》，第 6 章，第 4 页；第 7 章，第 29 页。）

以上只是斯宾诺莎诸多才思敏捷的段落中的一些，这些段落因其与时俱进的适用性和价值而振聋发聩。在《神学政治论》中，斯宾诺莎有一项关于公民义务兵役的计划，就像如今瑞士采用的计划一样；有一项通过地方自治和责任发展来反对中央集权的呼吁；有一项关于州领土扩张对民主的威胁的警告；有一项关于国家扩张领土从而威胁到民主的警告；还有一项在和平时期国家拥有所有土地以及土地赋税的计划。但是，让我们转到斯宾诺莎政治理论的一个更具特色的特征，并与他一起考虑智慧在国家中的作用。

民主与智慧

“在自然界中，没有比以理智指导谎言更有利可图的事情了。”[1]首先，以理智指导谎言的人已经平静地接受了不可避免的事实，并欣然

① 《伦理学》，第四卷，第 35 页。

接受了社会生活的必要限制。他对人类的不完美能淡然处之，并不幻想乌托邦。他追求自己的目的，但对自己的社会地位有清醒的认识。他确信，“当人人都在寻求利益时，人们就是对彼此最有利的”。他知道，别人的目的常常与他的目的相冲突，但他不会因此对他们大言不惭。他感受到一意孤行的悲哀，他也知道合作的价值。当他逐渐了解到自己和同伴之间错综复杂的联系时，他越来越满足于蝇头小利。最终，他明白了人人为我，我为人人。

有了这样的人，民主就会随之而来。这样的民主也将是一种成就，而不是陷阱。有了这样的人，刑法只会让古人感兴趣。有了这样的人，一个社会就会充分了解公民效忠和社区稳定与发展的程度。如何创造这样的人呢？通过复兴吗？通过天堂的温和麻醉和地狱的廉价赎罪吗？通过背诵教义和戒律吗？通过像孔德一样呼唤内心并相信永恒的女性引领我们一往无前（向何处去呢）吗？还是通过传播智慧呢？

正是在这一点上，斯宾诺莎的社会哲学，就像苏格拉底的哲学一样，暴露了它脆弱的一面。智慧是如何传播的？也许，问哲学家这个问题已是多余，他可能觉得自己已经做得够多了，尤其是如果他已经说清楚了如何最能帮助我们达到目的。毕竟，斯宾诺莎不是那种可以起而行之的人。他的灵魂充满了永恒法则的远见，没有为采取行动的权宜之计留下空间。他孜孜以求的几何学，只是典型的犹太特性的外露。在犹太人的情感构成中，有一些东西使他很容易陷入崇拜之中，这与希腊—罗马对智力和控制的强调形成了对照。所有的泛神论都倾向于寂静主义。看到事物永恒，很可能促使他从科学家的态度转变为神秘主义者的态度，而后者对时务并无兴趣。哲学的任务是研究永恒和普遍，不是为了永恒和普遍本身，而是为了永恒和普遍的价值，从而引导我们穿越时间的细节迷宫。哲学家必须像水手一样，通过凝视永恒的星座引导自己穿越时空。哲学史应该从泰勒斯开始撰写，这是有益的。这样，所有学习哲学的人，都可以在学科门槛即可领悟，星星虽美，但星空深邃。

斯宾诺莎的遗产

一叶障目，不见泰山。我们必须认识到，尽管斯宾诺莎只发表了一项关于所有民主国家（智慧）基本需要的声明就骤然而逝了（或许应该说是被迫止步了），但是，斯宾诺莎仍然激励着人们，他的开端就已更接近实际问题。通过伏尔泰和英国众多自然神论者，人们可以在 18 世纪的法国追溯到斯宾诺莎的许多思潮，这些思潮侵蚀了教会权力的基础，影响了平民和知识分子，而良心发现的中产阶层则策划了一场革命。卢梭的思想，主要是从斯宾诺莎那里派生出来的：人民主权、普遍意志、革命的权利、使人自由的力量的合法性，以及理想的国家，即所有公民组成一个拥有最终权力的大会的国家。这些思潮，并非斯宾诺莎的独创，而是文艺复兴时期政治思想的一般性遗产，但这份遗产是通过斯宾诺莎的著作传给卢梭的。在一定程度上，法国的《权利宣言》和美国的《独立宣言》，都可以追溯到阿姆斯特丹这位沉默寡言的哲学家被遗忘的论文。发起或加速这种思潮（其起源是理论上的，但在问题上是极其实际的）就是一劳永逸地把自己置于吹毛求疵之外。正如许多人所想的，如果斯宾诺莎不是在 44 岁去世的话，那么他的成就会有多大呢？ 1677 年 2 月 21 日早晨，虔诚的女房东从教堂回来，发现温文尔雅的斯宾诺莎已经溘然长逝。她站在人类历史上一个伟大的悲剧面前，山水无言，天地同悲。

第五章

尼采

让我们斗胆以短短数页的篇幅，概述从斯宾诺莎到尼采的哲学思想的社会维度。记住，我们的目的只是阐明一些而非全部哲学家对社会问题的主要兴趣，我们可能仍然有断章取义之嫌。从笛卡儿到康德的认识论传统中，大多数哲学家在本质上更关心的是社会关系，而不是知识问题。笛卡儿并不在此范畴之中，他是一个闲暇之人，迷失在知识的迷宫中，这迷宫与其说是他发现的，不如说是他无意识构建的。在洛克手中，这个难题被扭曲成“天赋观念”的问题，以便在无辜认识论的掩护之下，打击世袭的偏见和威权主义的教条，并直接迈上推动主权在民（与霍布斯的绝对专制主义相反）、言论自由、合理的宗教以及社会进步的道路。在莱布尼茨的著述中，社会利益的支配地位并未凸显。但我们应记住，在莱布尼茨丰富多彩的人生中，认识论只是一个旁观者，他因改善这个“最好的可能世界”的计划忙得头晕目眩。巴克莱主教以“存在即被感知”开始，以焦油下水为所有问题的解决方案结束。大卫 · 休谟终生忙于政治和讨论社会、政治、经济问题，仅为认识论留出一年或两年时间，只是把它当作打击教条主义的抓手。他对宗教的打击比伏尔泰更猛烈，但正如伍德布里奇教授曾经指出的那样，“他才华横溢，却不会因此受到赞誉”。在 18 世纪的法国，哲学的社会影响是如此具有决定性，以至人们可以把哲学称为中产阶层破坏现状的爆炸性动因之一。孔德延续了这一传统。孔德不会忘记他曾经是圣西蒙的秘书，我们不会忘记哲学家的职能是协调经验与观念，以重塑人类的生活。约翰 · 斯图尔特 · 穆勒先是激进主义者，后又成为逻辑学家；斯宾塞的著述中，最持久也最有趣的是其社会学、教育和政治理论。在康德的著述中，基本的社会利益被湮没在认识论的蛛网之下；然而，蛛网并不结实，未能遮蔽康德社会哲学思想的熠熠光辉。这件事的实质是“浪子回头”，哲学曾经富有冒险精神的灵魂，最终重新回到了专注宗教、政治专制的安逸之中。在波茨坦，“教条主义的沉睡”只是为了屈服于“实践理性”的麻木和放弃；在波茨坦，没有“哥白尼革命”，只有一种隐秘的尝试，试图恢复在启蒙运动的耀眼光芒中迷失的人类中心主义。我们认识到，德国哲学的重要性不是形而上学的，也不是认识论的，而是政治性的。如今，康德思想最重要的遗存，不在于康德主义的泛滥，而在于德国人的顺从观念。费希特用国家社会主义学说强化了这种无条件服从的观念：他从照料鹅开始，到为鹅写哲学结束。黑格尔与费希特类似，他兴高采烈地以革命是历史的核心这一命题开始，以发现普鲁士国王是乔装打扮的上帝而结束。到叔本华那里，泡沫终于破灭了，一千年来的自欺欺人，终于在疲惫和绝望中结束了。每个希尔德布兰德都有自己的伏尔泰，每个伏尔泰都有自己的叔本华。

生平

“将来，”尼采曾经写道，“不要让任何人关注我，而要关注我为之而活的东西。”我们必须把尼采的生平写得简短些。

尼采于 1844 年生于德国罗肯，是一位“高贵的年轻牧师”的儿子。尼采成长于严格、虔诚的家庭，并为进入教会做好了准备。甚至，在寄宿学校里，尼采也被称为“小牧师”，他吟诵的《圣经》催人泪下。在当时的照片中，他少年老成。很明显，他有深厚的宗教天赋，因此注定要走向“异端邪说”。18 岁时，尼采发现自己开始怀疑传统教义。“当我审视我自己的思想，”他写道，“倾听自己的灵魂时，我经常感觉仿佛听到了狂乱、冲突、对立的喧嚣。”21 岁在莱比锡大学学习期间，尼采接触到叔本华的哲学著作，他如饥似渴地阅读，感觉“需要认识自我，甚至折磨自我的欲望，牢牢地控制了我”。至此，尼采已做好接受悲观现实考验的准备，无论这来自宗教还是他糟糕的胃。由于视力不好，他被禁止服兵役。1870 年，尼采因狂热爱国而最后获准以医士的身份参军，但他一看到伤病员就几乎崩溃了，而自己也因痢疾和消化不良病倒了。同年，尼采看到一队雄壮的骑兵飞驰而过，他的孱弱之躯因而激动不已：“我第一次感到，生命最强和最高的意志，不是在为生存而进行的悲惨斗争中表现出来的，而是在战斗的意志、权力的意志、征服的意志中表现出来的！”然而，作为巴塞尔大学的语言学教授，尼采过着平静的苦行僧式的生活。但尼采有冒险精神，在他的第一本书《悲剧的诞生》中，他从文献学的散文滑入一种近乎抒情的哲学之中。在《悲剧的诞生》中，疾病为健康而高歌，软弱在力量中得以神化，忧郁让位于“酒神的喜悦”，孤独在友谊中升华。尼采曾有一个朋友——瓦格纳，一个曾经浪漫地反抗革命障碍的人，但这个朋友很快离他而去，他们之间的种种关联缓慢地消失了。对于瓦格纳来说，强力、专横和无情正在变成一种基督教同情和温和的哲学；但在尼采看来，这些品质不可能是神圣的，因为在他自己的性格中这些都是久已熟悉的元素。“我不是什么，”他坦诚地说，“对我来说，那就是上帝和美德。”[①] 于是，尼采最终茕茕孑立，踽踽独行，但他的创造性思维极其活跃。尼采也有熟人，但他只是“安静地，像一只耐心的动物般”容忍他们，“没有人对我的使命有丝毫的暗示”。但“由于缺乏同情和理解”，尼采遭受了极大的痛苦。

尼采甚至连这些熟人都远离了，他放弃了在巴塞尔大学的工作。身体垮了之后，尼采满怀希望地去了意大利，寻求更好的气候。医生给他开了一张又一张处方，上面写着：“一个漂亮的意大利甜心。”但尼采渴望同志的情谊，害怕婚姻的摩擦。“在我看来，这是荒谬的，”他写道，“一个选择了专注领域的人……对他整个存在的评价，应该肩负家庭的关爱，为妻子和孩子赢得面包、安全和社会地位。”他毫不犹豫地得出这样的结论：“就最高哲学思想而言，所有已婚男人都是可疑的。”尽管如此，尼采还是像人类一样陷入某种情事之中。但他很快就在幻灭中心烦意乱，几近崩溃，逃回哲学寻求庇护：

① 《查拉图斯特拉如是说》，第 129 页。

每一次误解，（尼采告诉自己）都让我更自由。我想从人性中得到的越来越少，可以给予它的越来越多。每一种联系都是很难割舍的，但每割断一种联系，都会有一双翅膀取而代之。

然而，尼采对同志情谊的需求仍然是存在的，就像多年的饥渴之后，他从一个素未谋面的年轻美丽女子那里捕捉到一个短暂的微笑，“突然，孤独的哲学家之心在我心中变得春意盎然”。但是她没有看他就离开了，再未邂逅。

尼采在热那亚租住阁楼，简朴的意大利人也许比那些自命不凡的人更了解他。他们知道尼采的伟大之处，尽管他曲高和寡。尼采的女房东的孩子们称他为“圣托马斯二世”，而市场上的女贩们则把最好的葡萄留给这位不修边幅的哲学家。有人低声说，他辛酸地撰写了关于女人和“多余的人”的文章。但她们可以肯定的是，尼采是一个非常温柔和纯洁的男人，有骑士精神的灵魂。“故事接着说道，就算对他没有任何好感的女人，尼采仍然彬彬有礼。”[①] 尼采就是这样一个人，那就随便后人评说吧。

尼采生活简朴，穷困潦倒。“他的小房间，”一位来访者写道，“家徒四壁，令人沮丧。显然，他是为了便宜而不是为了舒适才做出这种选择的。没有地毯，甚至连炉子都没有。我觉得冷得要命。”出版商没有从尼采的书中获利，这些书与“时代精神”背道而驰。因此，尼采给他的两卷书起名为《不合时宜的沉思》。尼采被告知，这

① 弗里德里希·尼采:《与孤独为伍》，伦敦，1915 年版，第 195 页。

种不合时宜的书无利可图，此后，他必须自费出版。尼采确实是这样做的，为了应付新的开支，他精打细算，锱铢必较。他最伟大的著作，就是这样诞生的。

尼采努力工作，知道自己的病残之躯注定生命短暂。他学会热爱孤独，并视孤独为生命的馈赠。“下意识地，我把任何在我奋力工作时打扰我的人视为敌人……所有人都必然撞上我编织并笼罩周身的思想之网——这个念头简直是可怕的。我分秒必争——如果我损失宝贵的半个小时，我就会惴惴不安。”半个小时——而他的眼睛已不能持续工作超过半个小时。尼采觉得，只有像他这样把时间视为神圣的人，才能得到时间的恩赐。“他完全相信，”一位熟人写道，“他的使命和不朽的重要性。在这个信念的支配下，他是坚强而伟大的，这使他战胜了所有的苦难。”谈到《查拉图斯特拉如是说》时，尼采几乎是有意识地炫耀。“这是一本书，”他说，“一本独一无二的书。不要提这些诗人，我不屑与他们相提并论；也许，没有其他任何物质是从如此强大的力量中诞生的。”他不知道，正是他的疾病和他对欣赏的渴望，才使得他自我标榜，并为之自喜和振奋。尼采准确地预见，直到 1901 年，他才会得到应有的欣赏。他说，他“揭开了基督教道德的面纱”，“这是历史上无与伦比的事件”。

尼采的全部精力都在于他的大脑，他的每个毛孔里都能渗出理念。他把一章的材料浓缩成一句话，他的每句格言都是一座山峰。他敢说别人只敢想的话：我们称他睿智，因为被禁忌的真理就是机智的灵魂。尼采的著作，每一页都有激情和痛苦的印记。“我不是人，”他说，“我是炸药。”写作的时候，他触及一个又一个错误。他把哲学家定义为“一种可怕的炸药，因而一切都处于危险之中”。“世界上的偶像比比皆是，而我对偶像有一种‘邪恶的眼光’。”

在它的创造者（尼采）看来，比过去最伟大的事件更重要的哲学是什么？我们怎样才能浓缩它，而不是扭曲它？它已经被许多爱好者和仇恨者歪曲了。让我们请创造者现身说法。让我们看看，如果我们不能用他的话来述说，那么我们自己能否说到点子上。如此，我们能更好地理解尼采，也能更好地理解自己，或许还能更好地理解社会问题。

阐释

从生物学的角度来看，道德具有高度的可疑性。何人得益？谁是这种机制可疑的受益者？这是不是一种上升的生活模式？这是否使得人类更加强大和完善？还是使得人类堕落和腐朽？很明显，到目前为止，道德并不是问题；或者可以说，道德恰恰是人们在猜忌、争吵和冲突之后得以握手言和的基础；道德是神圣的和平之所，是思想家卸下重负的小憩之处。但是，如果道德是人类自我提升之路最大的绊脚石呢？道德本身是否可能正是社会问题？而这个社会问题的解决，是否在于明智地放弃道德？这值得商榷。

你早有耳闻，道德不过是强者用来操控弱者的手段。这是千真万确的，康斯坦丁的皈依就是例证。但这只是真相的一半，而半个真相也就是半个谎言。更为真实的是，道德是弱者用来操控强者的手段，是弱者悄悄束缚力量之足的锁链。欧洲的整个道德体系，是基于共同价值之上的。每个人的愿望都是，除了那些使他自己成功的方法之外，不应该有其他的教导或对事物的评价。因此，弱者和平庸者的根本倾向始终都是削弱强者，把强者削弱到弱者的水平，而他们在这一过程中的主要武器就是道德。不压迫人，不伤害人，不攻击人，不仇杀人，不仇视上帝的人，就是善良的人；不走恶路，对生活要求不高，就像我们自己一样的人，就是耐心、温顺、正义的人。善就是做我们力所能及的事。[①]查拉图斯特拉屡次嘲笑弱者。弱者自视纯良，只是因为他们手无缚鸡之力！[②] 服从、归属、谦恭、奉献、热爱和责任荣誉感，宿命、听天由命、客观、坚忍、禁欲主义和自我否定，简而言之，就是了无生气。这些就是所有人都要培养的美德，强者尤其如此期望。[③] 对耶稣的神化，也就是说众生的温顺，除了再一次让强者酣睡之外，还能有什么用呢？

民主

看，这种企图现在几乎已经得手了！因为，即便民主没有获胜，至少它已经走上了胜利的道路！除了作为基督教的传承，这场民主运动还另有深意吗？这不是伟大教皇的基督教。他们头脑清醒，企图建立宏大的贵族制，而路德生逢其时，释放了教众的泛泛本能，摧毁了它。[④] 普众的本能，是有利于基督的。[⑤] 第一个基督徒，在他最深层的

① 《论道德的谱系》，第 46 页。
② 《查拉图斯特拉如是说》，第 166 页。
③ 《权力意志》，第 721 页;《敌基督者》，第 89 页。
④ 《快乐的智慧》，第 358 页;《敌基督者》，第 361 页。
⑤ 《权力意志》，第 284 页。

本能中，恐怕是反对所有特权的，他毕生不懈地争取“平等权利”。[①] 正是通过基督教而非其他，“平等权利”学说的毒害得以泛滥。不要低估基督教的重大影响！现在，无人胆敢尝试特权和支配权。心灵的贵族姿态，已彻底被灵魂的平等侵蚀。[②]

然而，“人类的平等”，不就是最大的谎言吗？换言之，这就是卑贱者的统治。它是最陈腐和最无信的思想吗？民主代表了对所有伟人和优秀群体的不信任；人人平等；“归根结底，我们都是碌碌之辈”，天才在这里并不受欢迎。现代人被承诺的未来越光明，他们的命运就越悲惨。如果伟人和罕有人物的崛起依赖于大众的意愿，就不会有伟人存在了。在众生看来，这类“例外者”，无论他们是高于还是低于总体水平，都是某种对立和危险。他们在处理上述“例外者”（强者、伟人、智者和有为之士）时的伎俩，就是说服他们充当自己的仆役。[③]

对卓越灵魂的折磨，只是民主之恶的一部分。民主之恶的另一部分是混乱。伏尔泰说对了：“与群氓争辩，只会搅乱一切。”民主是演说家的贵族制，是头条新闻的竞争，是由新出现的多数派构成的旋涡，是一股小派别横扫一切的洪流。在民主制度下，国家会衰败，因为立法的反复会破坏法律的尊严，直到最后，甚至连警察都要被私营企业取代。[④] 民主始终是组织权力的死亡或痛苦：记住雅典，再看英国。在 50 年之内，这些巴别塔式的政府，将在一场争夺世界市场控

① 《敌基督者》，第 46 页。
② 《敌基督者》，第 43 页。
③ 《权力意志》，第 885、281 页。
④ 《人性的，太人性的》，第 428、472 页。

制权的大战中发生冲突，而当这场战争来临时，英国将为其占主导地位的混乱阶层的效率低下的民主付出代价。[①]

民主的浪潮将衰退，甚至是迅速衰退，如果能人异士挺身而出、公开反对。佼佼者，必须对大众宣战，而大众将想方设法，齐心协力，以当家做主。中等阶级必须解体，而他们的影响力也必将衰退。[②] 贵族和富豪将不再通婚，如果统治阶级不与奴隶阶级通婚，民主的荒诞剧本不会上演。[③] 让我们向议会制政府开战，向媒体的权力开战，这些都是碌碌之辈成长为统治者的手段。[④] 最后，让计数的狂热（普选制的习惯）——其发育时间尚短，尚可轻易根除——扎下更深的根基，是愚蠢而危险的；它的引入，只是避免暂时困难的权宜之计；时代已做好准备，证明民主制的无能，并把权力重新交给天生的统治者。[⑤]

女权主义

毕竟，民主制就是一种疾病，它试图站在拙劣者的立场上，为所有的社会健康制定规则。通过研究妇女运动，可以观察这种疾病是如何滋生的。妇女的首要和终极功能，就是生养强健的孩子。[⑥] 被解放的妇女，就是妇女中的怪胎，就是那些无法生育的人。[⑦] 女性的所有知

---

① 《论道德的谱系》，第 225 页；著于 1887 年。
② 《权力意志》，第 861、891 页。
③ 《善恶的彼岸》，第 233 页。
④ 《权力意志》，第 753 页。
⑤ 《论道德的谱系》，第 223 页。
⑥ 《善恶的彼岸》，第 189 页。
⑦ 《瞧，这个人》，第 65 页——不能说得更透彻，否则就是我有病了。

识，都是矫揉造作的；女人有学术爱好，通常表明她的性别意识出了问题。这些女人“言必称希腊”，以展示自由精神的魅力；仿佛对于一个深沉的无神论男人，一个虚伪的女人将不再荒唐、可笑！[①] 尤其可笑的是，还有男人参与女权主义的骚动。必须明白的是，男女关系使得平等成为不可能。

看男人的脸色，接受男人的命令，是符合女人的天性的——除非，她刚好是个男人。男人的幸福在于“我想要”，而女人的幸福在于“他想要”。[②] 女人投怀送抱，男人左拥右抱：我并不认为任何人可以通过社会契约克服这种自然差别。[③] 的确，解放每迈出一步，妇女就会失去一点儿权利。自法国大革命以来，妇女的影响力一直在衰退，而妇女的权利和要求则在增长。让妇女先做好自己的分内之事（想象一下，有多少笨手笨脚的男人正在厨房备受折磨），然后再考虑她活动范围的拓展。在“男人和女人”这个根本问题上出错，否定这种最深层次的对立，否定这种永恒敌对的紧张关系的必要性，幻想权利平等、受教育平等，以及权利和义务平等，这是头脑简单的典型特征。另一方面，如果一个男人既有深度的灵魂和欲望，又有深沉的仁慈，严肃恭谨（很容易被混为一谈），他就会像东方人那样看待妇女：把妇女当作财产，当作专属财物，当作命中注定要侍奉他的人——在这件事情上，他必须赞成亚洲人的无限理性，赞成亚洲人的直觉优势。[④]

---

① 《善恶的彼岸》，第 96、189 页。
② 《查拉图斯特拉如是说》，第 89 页。
③ 《快乐的智慧》，第 363 页。
④ 《善恶的彼岸》，第 188、184、189 页。

社会主义和无政府主义

当然，主妇的叛逆，只是基督教灌输并削弱欧洲强壮种族的通病的弊端之一。现在，考虑一下这种疾病的更致命的形式：社会主义和无政府主义。在此，“神的国度”的来临被推迟到未来，并被赋予一种现实的、人道的意义。但总体而言，对旧理想的信奉仍在延续。对于平等权利的痴心妄想一成不变，而隐藏在这种妄想之中的妒忌则如影相随。一个人谈论“平等权利”，那就意味着，只要他不是支配者，他就希望压制竞争者的权力滋长。对那些牢骚满腹的可怜虫来说，这是值得庆幸的——这多少令他们有点儿陶醉的权力感。所有的哀叹，都隐藏着些许报复之心。当你听改革者谈论人性，请不必当真，这只是他愚弄大众，使大众相信他大公无私的手腕。在夸夸其谈的掩饰之下，长袖善舞的人赢得了名誉、信众和权力。这种利他主义的伪饰，只是利他主义诉求的迂回，只是意识到自身拙劣这一事实的结果。[①]毫无疑问，我们应当以嘲讽的怜悯来看待它的倡导者和追随者：他们想要攫取我们拥有的某些东西。[②]

从自然科学的角度来看，社会主义者构想的最高社会形态，处于社会等级的最低层次之上。一个社会主义共同体，它将把最低级、最愚蠢的暴政推向极致。[③] 一个不存在剥削的国家，必将消亡。生命的本质在于对他者和弱者的占有和征服，退一万步说，生命的本质在于

---

① 《快乐的智慧》，第 377 页;《权力意志》，第 350、315、373 页。
② 《权力意志》，第 761 页。
③ 《权力意志》，第 51、125 页。

剥削。[①] 剥削的缺失，意味着有机运转的终结。高级种族命令和役使低级种族，无疑，与超人命令和役使低等人类一样，是合理并有意义的，正如人类命令和役使动物一样。[②] 羔羊对猛兽怀恨在心，这并不奇怪，但这并不是责怪猛兽的理由。[③] 除了来自大脑的指令之外，我们还能给肌肉提供什么呢？或者说，还有什么事情是值得做的呢？事实上，仅就个人是九层之台中的累土而言，这是有价值和有意义的。为此，个人必须首先成为泥土，个人必须成为累土。[④] 现在，普通人对此已了然于胸，并且和任何富人一样幸福，只要愚蠢的宣传不会用永远无法实现的迷梦来打搅他们就行了。贫困、快乐和独立这三种品质完全有可能结合在个体之上，贫困、快乐和奴役同样可以结合在个体之上：对于作为工厂奴隶的工人来说，这是最合适的说法。[⑤]

至于上层阶级，他们不能放下对抗这场瘟疫的武器。偶尔开启有产者和无产者之间的旋转门，增加有产者的数量，将是最佳政策。多收点儿遗产税和所得税，大众将不再喧闹。[⑥]

与此同时，值得警惕的是，这并非师出无名，并非无利可图，因为，政治家必须坚守岗位，国家必须恪守职能，即使无政府主义的骚动促成了这种状况。[⑦] 无政府主义者是正确的：国家是最冷酷的恶魔，

① 《善恶的彼岸》，第 226 页。
② 《权力意志》，第 856 页。
③ 《论道德的谱系》，第 44 页。
④ 《快乐的智慧》，第 356 页。
⑤ 《曙光》，第 206 页。
⑥ 《漂泊者及其影子》，第 292 页；《人性，太人性了》，第二卷，第 343 页。
⑦ 《曙光》，第 179 页。

从它嘴里脱口而出的是，“我即国家，国家即人民”。[①] 于是，聪明的人将利用无政府主义和社会主义。甚至，当一两个国王被炸身亡，他也不会感到不安。只有杀死这些人，王公们才能再次安安稳稳地坐在宝座之上。[②]

无政府主义得到贵族的拥护，贵族觉得法律是他们的工具，而不是他们的主人。但是，这种对法律的反抗，只不过是热衷于平衡和报复者在生理上的不合时宜的再次爆发。[③] 渴求人人同等自由的社会是幼稚的。[④] 颓废是民主的特质，它反对一切正在统治和想要统治的事物，这就是现代的无政府主义（为每件坏事都杜撰一个恶名）。当所有人都强大到可以发号施令的时候，法律就是多余的了，弱者需要法律的脊梁。无法自律的人，就只能服从命令。无政府主义者应心存感激，因为他有法可依。发号施令是更困难的事情，每次发号施令，都是在拿自己冒险，他们要对结果承担重责。自由，是自我承担责任的意志；如果乌合之众亦能如此，废除法律的时机就成熟了。当然，事情的真相是，无政府主义者的喧嚣，源于卢梭的“人性本善”。卢梭不明白的是，革命只是人类释放的狗群，直到它们再一次在皮鞭之下哀嚎。驱逐了波旁王朝后，人们在十年之内迎来的是拿破仑。这就是无政府主义的结局，也是民主制的归宿。

真相是人类愿意而且渴望实至名归的统治者。但是，腐败的统治

---

① 《查拉图斯特拉如是说》，第 62 页。
② 《权力意志》，第 329 页。
③ 《偶像的黄昏》，第 86 页；《瞧，这个人》，第 66 页；《敌基督者》，第 57 页。
④ 《权力意志》，第 859 页。

阶级使得统治者声名狼藉。历史上，所有的动荡都始终源于统治者和统治阶级的堕落。民主不是统治，而是漂泊。它是一种政治放松，就像一个有机体允许它的每一部分随心所欲地做它自己喜欢做的事情一样。正是这些去组织化的原则赋予了我们这个时代特殊的特征。我们的社会已经失去正常运作的力量，它不再自然而然地摆脱其腐朽的成分，甚至不再有排毒的力量。[①]

退化

在退化的社会中，生活着什么样的人？庸庸碌碌之辈，愚蠢到极致的人，脆弱而自我感觉良好的人，患美德偏瘫的人——换言之，陶醉于自我肯定的本能之中。人类被驯服，在本质上几乎就是意志衰退，道德阉割。如今的规则就是，要想成功驯服野兽，必然先使其退化。所以，有道德者未必是好人，也可以说，有道德者是同类中的更弱小者。当然，有道德者是信奉利他主义的，也就是说，他觉得自己需要帮助。在走向虚无的进程中，真正的伟人是缺席的；现身其中的伟人，会被称为罪犯。[②] 在这种道德雾霾之中，每一位伯里克利时代的希腊人，或每一位文艺复兴时代的佛罗伦萨人，都会呼吸困难，近乎窒息。对他们来说，生命的首要前提是把自己从精神的陈腐禁锢中解救出来。[③] 然而，那些有能力上升到非道德的空灵之中的人寥若

① 《权力意志》，第 750、874、65、50 页。
② 《权力意志》，第 397、12、736 页。
③ 《瞧，这个人》，第 136 页。

晨星；而那些胆怯的神学异端，则最有可能沉溺于道德正统的安逸之中。总而言之，人类正在把被削弱的生命力作为美德的核心。简而言之，只要人类种族的力量和光芒的最大潜能未被发掘出来，道德就会背负罪恶的包袱。[①]

带有这种标记的人，需要大量的宗教慰藉来应对生活中的沟沟坎坎。如果他们不再对青年时代转瞬即逝的勇气抱有信念，他们很快就会回到另一种信仰中去。上帝，曾经从部落之神被稀释成实体和自在，现在则恢复到可观的现实程度。人们依赖的假想支柱，随着他们越发软弱而变得更强大和更坚实了。人，需要多少信念才能茁壮成长？需要多少牢固理念才能茁壮成长？他因此而坚持不懈，这也是衡量他力量的尺度。或者，更直白地说，这也是衡量他弱点的尺度。[②]

以同样的标准划分，我们的朋友被归类为形而上学者——思想上的白化病患者，当然，他们也是衣冠楚楚的牧师。一个人意志力的大小，可以用他能在多大程度上放弃事物来衡量，也可以用他能在多大程度上忍受一个没有意义的世界来衡量，因为他自己只能掌控其中的一小部分。[③] 这个世界没有意义：越没有意义，越好；赋予它某种意义，有人由衷地说道。这个世界没有意义：但这仅是一个现象世界，卑躬屈膝的哲学家说；在现象世界背后，是一个实在世界——它有意义，并意味着善。在实在世界，“没有知识；因而有上帝的存在”——多么清新优雅的三段论！这个世界应当是实在的，这一理念

---

① 《论道德的谱系》，第 10 页。
② 《敌基督者》，第 17 页;《曙光》，第 542 页。
③ 《权力意志》，第 585 页。

契合那些不想创造世界的庸碌哲学家。“求真的意志”，就是“创造的意志”的无能。甚至，一元论也被转换成治疗病态灵魂的良药。显然，这些爱智者追求的不是真理，而是治疗自己疾病的药方。[①] 在现代哲学中，啤酒和熬夜泛滥成灾，新鲜空气则甚为稀少。哲学家谴责这个世界，因为他们已回避了这个世界。喜好冥想的人，自然会贬低行动。事实上，哲学史是一个秘密的、疯狂地憎恨生命前提的故事，是关于对生命的真正价值产生感情的故事。哲学沦落到如此境地，也就不足为奇了。如今，科学蓬勃发展，其表面清楚可见良心；而现代哲学逐渐沉沦，其残骸即便不会招致轻蔑和怜悯，也不会激起信任和愉快。哲学已沦为一种“知识论”，闭门造车，故步自封，坐井观天——这是垂死的哲学，必然走向终结和痛苦，只能徒然唤起怜悯。这样的哲学，如何统领世界！[②]

虚无主义

所有这些——民主、女权主义、社会主义、无政府主义和现代哲学，就是基督教的九头蛇，每个蛇头都是整个疾病的一处溃疡。鉴于这种疾病已经感染了社会躯体的各个部位，我们还能指望和期待什么后果呢？悲观主义、绝望和虚无主义，换言之，不相信生命的任何价值。丧失对生命的信念，生命本身已经成为一个问题。热爱生命依然

---

① 《权力意志》，第 600 页；《曙光》，第 424 页。
② 《善恶的彼岸》，第 136 页。

是可能的——但已经变成只是对一个可疑女人的爱。[1]“好人”看到自己被邪恶包围，而在他的每个举止中都能发现邪恶的痕迹。因此，他最终得出这样的结论，那就是自然是邪恶的，人类是堕落的，善行只是一种恩惠（也就是说，当人独处时是不可能的）。这对他来说是非常合乎逻辑的。简而言之，他否认生命。[2] 抛弃教会神学，但又坚持基督伦理，是必然会陷入悲观主义之中的。

他意识到，人不再是进化过程中的助手，更不用说是进化过程的顶点了；他意识到，变化正在趋向虚无，并且已经达到目的，这是他无法忍受的！苦难曾经是一种应许回报的审判，现在却成了一个令人难以忍受的迷思。如果他在物质上感到舒适，他就会在别人的痛苦和苦难中找到情感和眼泪的源泉。他编造了一个“社会问题”，从来没有想到这个社会问题本身就是颓废的结果。他在这个基督上帝已死的世界中感到拘束，而尽管如此，他也没有超越旧基督教的道德取向。他绝望了，他浑浑噩噩，而且对此了然于心。“我不知道我在哪里，我也不知道我要做什么；身无所依，心亦无处安放。”他叹息道。[3] 最后他宣称，生命是不值得过的。

不要试图回答这样的人，他需要的不是逻辑，而是疗养院。但是，通过或借助他，我们看到了基督教道德的破坏性。卢梭说，这种卑鄙的文明，是我们道德败坏的罪魁祸首。如果这种卑劣的文明归咎于我们良好的道德，那又会怎样呢？看看古老的伦理如何贬低

① 《快乐的知识》，第 7 页。
② 《权力意志》，第 351 页。
③ 《敌基督者》，第 1 页。

生活的乐趣，以及如何贬低对生活的感激；看看古老的伦理如何抑制知识与生活的拓展；看看古老的伦理如何抑制对美的冲动与高雅的生活。这是什么时代?！设想一下，一个朝气蓬勃的种族，当下能成就什么?！就在当前，处于力量巅峰的意志，已成强弩之末。对于意志的组织力的绝对不信任，让我们终于走到这一步。[①] 在最光明的时刻，世界因绝望而黑暗。如果人可以被创造出来，热爱光明并利用光明，那又会怎样呢?

权力意志

有没有可能，这种绝望并不是种族枯竭的最终状态，而只是从对完美和道德世界的信仰演变为转变和控制的态度呢？或许，我们只是一叶障目，而泰山已在咫尺？既然我们的基督教泡沫已为叔本华戳破[②],我们就可以自由地恢复古人快乐的部分力量了。让我们再一次像小孩子一样无邪，不被宗教和道德宠坏；让我们忘记罪恶感；让我们像孩子一样开怀大笑，以响彻云霄的笑声净化这污浊的氛围。让我们从头再来，让我们的灵魂上升和飞越，用这种失而复得的生命之欢填补所有的空虚。[③] 生活并未欺骗我们！相反，它年复一年，日益充实，更有魅力，更加神奇。旧的枷锁正在被打碎，旧的束缚被这样的想法打破了：生活可能是一种实验，而不是一种责任；生活不是一种死亡，

---

① 《权力意志》，第 20 页。

② 叔本华对基督教持批评态度。——译者注

③ 《查拉图斯特拉如是说》，第 193、315 页;《瞧，这个人》，第 71、28 页。

也不是一种欺骗！[①] 对我们来说，生命——意味着把我们所有的一切，包括我们遭遇的一切，不断地转化为光明与火焰。除此之外，我们别无选择。重新回归自然，敢于像自然那样不羁；做荷马时代希腊人般的异教徒，对生活说“是”，甚至对痛苦说“是”；赢回以悲剧为乐的豁达的酒神精神，不，是酒神发明了悲剧，表达了它极其丰富的生命力，表达了它对哪怕是最粗俗和最可怕的生活元素的欢迎！[②] 再次健康起来！

因为，健康、活力和精力之外，别无美德。所有的美德应当被看作生理条件，而道德判断则是生理旺盛或衰颓的症状。事实上，或许值得一试的是，看看是否能以数字和计量尺度，来建立衡量能力的科学的价值秩序。所有其他的价值观都是关乎偏见、简单和误解的问题。不用道德价值，而是使用自然主义价值、生理价值。让我们直言不讳地告诉斯宾诺莎，美德即权力。何谓善？能增强人类的权力感、权力意志和权力本身的一切。何谓恶？源于软弱的一切。何谓幸福？感觉力量正在增加，阻力正在被克服。[③] 这不是正统伦理，或许，愚者对此充耳不闻——当然，质朴的年轻人能理解它。一个健康而有活力的男孩，如果你问他：“你想变得高尚吗？”他会满脸鄙夷。但如果你问他：“你想比你的同伴强大吗？”他立即会满脸艳羡。年轻人知道能力即美德。看看运动场吧！年轻人在教室里度日如年，因为在这儿知

① 《快乐的知识》，第 324 页。

② 《权力意志》，第 120、129 页；《敌基督者》，第 55 页;《瞧，这个人》，第 72、70 页;《悲剧的诞生》，全书。

③ 《敌基督者》，第 2 页。

识远离了行动，年轻人用行动力的强弱来衡量一个人知识的高度。[①] 与站在讲坛上的人相比，运动场上的男孩得到了更多的祝福。

在虔诚的阿洛伊修斯和街头的顽童之王之间，在我们不为人知的内心深处，我们究竟更喜欢哪个？我们苦口婆心地说教布道，想让这小小暴君患上我们的道德败血症。但我们知道自己错了，而当他毫不妥协地固执己见时，他获得了我们的尊重。要求强者把自己表现为弱者，这与要求弱者把自己表现为强者一样荒谬。去学校看看我们的孩子，我们将会知道，所有的天性都是有益的。从长远来看，邪恶的冲动与善良的冲突都是有必要的，应予以保持。事实上，我们崇拜青年，是因为在最好的情况下，青年是本能力量的自由释放。我们知道，幸福亦如此。放弃本能，深思熟虑，用有意识的思想阻碍行动——那就是老年。毕竟，只要是有意识的行为，就不会尽善尽美，意识是一种需要被克服的缺陷。[②] 本能，是迄今为止所有才智中最具智慧的。天才在于本能，善亦如此，所有的意识都是戏剧性的。自崇拜理性伊始，一个民族就开始走向死亡。年轻人懂的更多，他们忠实地追随本能，崇尚权力。

而且，我们也崇拜权力——如果我们和孩子一样老实，我们本应承认这一点。我们最温和的美德，不过是权力的不同形式：仁慈和怜悯，出于强大的性的权力；正义，出于复仇；勇敢，出于对敌人的爱。爱是通向强者之心的秘密之路，目的是成为爱的主人；感恩是一种崇

---

① 《不合时宜的沉思》，第 76 页。
② 《敌基督者》，第 14 页。

高的报复；自我牺牲是分享为之牺牲的人的权力。荣誉是对同侪权力的认可，表扬是对傲慢的评判，所有的恩赐都是一种权力的实践。[①] 让我们观察一个身处困境的人：有同情者靠近他，倾听其不幸，最后心满意足地转身离去；对这个不幸的人和自己的不幸，他们幸灾乐祸，他们度过一个愉快的周日下午。科学家和哲学家亦如此，他们对知识的渴望中，潜伏着对收获和征服的欲望。被压迫者的自由呼声，再一次成为对权力的呼吁。[②]

你无法理解人类，你也无法理解社会，直到你发现无处不在的权力意志。在放下自我保护这一有机体的基本本能之前，生理学家应该先思考自己。一种生物首先寻求释放它的力量，而自我保护只是由此带来的结果之一。在声称幸福或快乐是一切行为的动机之前，心理学家应该三思。快乐，不过是无休止地寻求权力过程中的一个插曲，幸福是一个伴随因素，而非驱动因素。幸福的感觉，恰恰在于意愿的不满足，恰恰在于没有对立和阻碍的事实，且永不知足。人类，如今掌握着自然的力量，也掌握着自己的野性和无拘的情感。与原始人相比，当今的人类代表着巨大的力量，但这不是幸福的增长。那么，一个人要怎样才能维持对幸福的追求呢？不，不是幸福，而是更大的权力；不是不惜任何代价的和平，而是战争；不是美德，而是能力，这就是人类渴望和追求的秘密。[③]

让生物学家重新审视他们现有的理论。生活不是对内与对外关系

---

① 《权力意志》，第 255、774、775 页；《曙光》，第 215 页；《快乐的知识》，第 13 页。
② 《权力意志》，第 376，776 页。
③ 《权力意志》第 650、657、685、696、704 页；《敌基督者》，第 2 页。

的不断调整，而是对权力意志的不断调整，权力从内在出发，征服并包含着日益增多的“外在现象”。所有的动力，所有的“因果关系”，都是对权力的意志；除物质的、动力的或心理的权力，别无他物。[①] 至于著名的“生存之争”，目前看来，与其说是事实，不如说是一种假设。它确实出现了，但作为一种例外，它不是出于对食物的渴望，而是出于释放额外能量的需要。生活的一般状况，不是食物匮乏或饥荒，而是财富、奢侈，甚至荒谬的挥霍。在有斗争的地方，人们都是为权力而斗。我们决不能把马尔萨斯与自然混为一谈。我们确实发现了有名的“自然的残酷”，但稍有差异：自然是残酷的，但这种残酷针对的是幸运和幸福的小孩，而自然保护、庇护并热爱卑微者。达尔文看到自然选择更偏爱强者和更健全者。恰恰相反，它是对幸运者的压制，是对平庸的回归，是对健全者的弃置，也是对平庸者不可避免的掌控。如果我们从现实中汲取我们的道德，那道德就是：平庸者比特殊者更有价值，虚无的意志高于生命的意志。我们必须提防这种把现实转变为道德的倡议。[②]

不，道德不是庸庸碌碌，而是卓尔不群；它不意味着蝼蚁般的生活，而是比大多数人活得更好，更强大，也更有力。它不意味着胆小懦弱：如果拥有美德，将无所畏惧，挺身对抗所有禁令。[③] 它并不意味着追求社会认可的目标，它意味着追求自身目标和路径的意志，它意味着按照国家的行为行事——坦率地放弃一切利他主义的借口。构建

① 《权力意志》，第 681、688、689 页。
② 《权力意志》，第 685 页。
③ 《查拉图斯特拉如是说》，第 398 页。

法人团体的目的是做个人没有勇气做的事情：因此，就本性而言，所有社团都比个人更正直，更有意义，因为个人太懦弱，没有勇气满足自己的愿望。所有的利他主义，都是个体的谨小慎微，社会并非互帮互助。利他主义和生活是不相容的：作为生命之源的所有力量和本能都在旧道德的禁锢下停滞不前。但真正的道德是本能的确定性、行动的有效性，它是增强人或人的力量的任何行动，它是优越和不断扩展的生活的一种表现，它是成就，它是权力。[1]

超人

有了这样的道德，你可以培养真正的男人；而培养真正的男人就是“社会问题”所要解决的全部问题。这并不意味着整个种族都将得到改善：一个明智的人最不愿意做的事情就是改善人类。人类不会改善，甚至根本不存在。整体而言，社会更像一个巨大的实验车间，历朝历代都有成就，而失败的事情更是数不胜数。如果说社会问题就是普遍提高平均的舒适和能力水平，就等于放弃了这个问题；人类达到更高层次的希望，就像在蚂蚁和土人与上帝和永恒之间建立血缘关系一样渺茫。在这里，最根本的错误在于把许多人，即众人而非个人视为目标：众人只是一种手段。走向完美的道路，在于造就最有权势的人，而广大人民群众将转变为供他们操控的纯粹工具，最聪明、最灵活的工具。每个人及其全部活动，只有在他有意识或无意识地成为一

① 《权力意志》，第 880、716、343、423、291 页。

个为优越的人服务的工具时，才有尊严和意义。我们所能做的，就是不时地创造出一个卓越的人，一个高人一等的人，一个超人。问题不是人类作为一个整体或一个物种要做什么，而是要追寻何种具有最高价值的人，要服务和培育什么样的人。培养超人，这就是社会问题。如果不理解这一点，就什么都无法理解。[①] 现在的问题是，这样一个人是什么样子的呢？我们是否应该去试着刻画他呢？

首先，他是一个热爱生活的人：他足够强大，坦然地热爱生命。他无视死亡的警告，明知人终有一死，但向死而生。他有充沛的体力，旺盛的生命。强者热爱冒险，拥抱困难：他觉得艰难困苦，玉汝于成。快乐（富人所理解的快乐）令他厌恶：他追求的不是快乐，而是工作；不是幸福，而是责任和成就。他不把哲学作为谨小慎微的借口，不把哲学作为成功退出人生游戏的手段。他不袖手旁观，他勇挑生活重担。对他来说，感受无数次尝试和诱惑的责任和负担，感受无数次冒险的喜悦，正是哲学的精髓之所在。他不断地以身试险，生命不息，奋斗不止。

冒险与创造，是超人生活的意义。如果不能成为诗人或创造者，他宁可死。把每一个“它”变成“这样我就会拥有它！”——在这一点上，他发现生命可以自我救赎。他不为野心所动，而是为驱使他前进的蓬勃精神所动。他必须重新创造，为此，他广纳博取，融会贯通，以便沛然而出，回报以热爱和富足。在通过思想改造事物的过程中，他看到了生命的圣洁。他知道，最伟大的事件就是仍然具有创造

① 《瞧，这个人》，第 2 页;《曙光》，第 49 页;《与孤独为伍》，第 17 页;《权力意志》，第 269、90、766、660 页。

性的时刻。

他是一个矛盾结合体，他不想一成不变，抱残守缺，他集各种元素和人格于一体。他的价值恰恰在于他的全面性和多重性，在于他能承受的各种负担，在于他能在多大程度上发挥他的责任。在他身上，存在的对抗性被表现出来并被证明是正当的。他热爱本能，知道本能是他全部精力的源泉。但他也知道，在一定程度上，审美天性的自然乐趣，就是自我克制的乐趣，就是驾驭烈马的兴奋。他那有选择性的原则，会让他拒绝很多；他对各种刺激反应平缓，孕育于身的是长期的谨慎和刻意的自豪感；他尝试即将到来的刺激；他三思而后行，但坚持不懈，孜孜以求。[①]

他热爱而且拥有被大众称为美德的品质，但他也热爱并表现出被大众称为罪恶的品质。正是在这种对立与统一中，他超越了平庸，他是一座横跨辽阔河流的宏大拱桥。河岸边的众生都战战兢兢，因为他们无法指望他，因为他卓尔不群。他是自由的精神，是一切束缚和标签的敌人。他不属于任何党派，因为他知道属于任一党派的人必然会成为一个说谎者。他是一个怀疑论者（这不是说他必然会如此），他不为任何信念所牵绊，他意志强大，必然无羁。他从不宣讲，也不劝导他人改变信仰；他坚守自己的理想，并视为自己的特质；他固执己见，不为他人动摇，他早已放弃迎合大众的低劣品位。他知道可与言者无二三，就像所有思想深邃者一样，他喜欢戴上面具；他不会堕落到让人熟悉的程度，当人们认为与他熟悉时，他踽踽独行。如果他无

①《权力意志》，第 881、870、918 页；《善恶的彼岸》，第 154 页；《瞧，这个人》，第 13 页；《曙光》，第 552 页。

法领导别人，他会翩然而去。[1]

他并非只有才智，仅有才智是不够的，他还有热血。他身上有一种文化和能力的传承，有危险和卓越的生活。他的祖先已经为他的身份付出了代价，就像大多数人为他们的祖先付出了代价一样。于是，他自然有一种强烈的距离感，他看到人间到处都是不平等和分层、秩序和等级。他有最高贵的美德：理智的诚实。

他不会轻易交友或树敌，他尊重他的对手，因此无意与众人为敌，他鄙视没有血性的人。他不会轻易妥协，但“报复”对他来说就像“权利平等”一样令人费解。即使对加害者，他也是如此。尽管受到人身侮辱的强烈挑衅，群众的眼光无疑仍是雪亮的，而他的目光既深邃又温和。他与同侪惺惺相惜，对别人，他做他认为最好的事，他知道只有在同侪中才能找到正义。他具有独特的贵族气质，有指挥的能力，也有服从的意愿，这对他的自尊心是不可或缺的。他不允许自己接受表扬，他只是按照自己的意愿行事。在本质上，他有目标并会毫不犹豫地承担任何风险，甚至牺牲人类，准备向最坏的情况低头。一种可能的存在，比他或其他人感觉好还是不好要重要得多：这是他天性中的一种基本本能。有志者，事竟成——这就是他伟大的激情，这就是他。[2]

---

① 《权力意志》，第 967、366、367、349 页；《查拉图斯特拉如是说》，第 141 页；《敌基督者》，第 55 页；《善恶的彼岸》，第 54、57 页。

② 《权力意志》，第 969、371、356、926、946、26 页；《查拉图斯特拉如是说》，第 430 页；《瞧，这个人》，第 23、19、128 页；《论道德的谱系》，第 85 页；《曙光》，第 60 页。

如何创造超人

那么，我们的任务就是繁衍这个人工合成的超人。他无所不能并证明了他的正当性，对他来说，其他人类不过是土壤。我们的任务就是为世上的哲学家、艺术家和圣人照亮道路，从而为自然的圆满而奋斗。文明的意义就在于这种培植：所有生命的方向，都指向创造最优秀的个体。人的伟大之处在于，他是手段，而非目标。人的本质是创造一个高于自身的存在，那就是繁衍的本能、行动的本能和工作的本能。即使是较高级的人，也觉得这是繁衍的需要，而对于较低级的人来说，所有的美德和道德，都在于为超人的到来做好准备。没有什么比堕落的灵魂更可怕的了，它声称："人人为我！"在这个伟大的目标中，也涵盖一种更好的宗教本质，以及对狭隘个人主义界限的超越。有了这个目的，就有了来自爱的明火的闪耀。在爱的光芒中，我们进入忘我的境地，我们感到自己正在创造，因此在某种意义上，我们正在变得比我们自己更伟大。①

如何为超人铺平道路呢？首先，是改革婚姻。我们必须明白，对那些有意培养更高层次婚姻的人，爱是一种阻碍，而非一种裨益。以事物为美，必然是错误的。这就是为什么从社会角度来看，基于爱情的婚姻是最不合理的婚姻形式。如果有仁慈的上帝，人们的婚姻会比任何事情都更令他不快。上帝会注意到，所有的买主都很小心，即使是最狡猾的人也会在购买时把妻子装在袋子里。当然，当圣徒和鹅结

---

① 《权力意志》，第 866 页;《不合时宜的沉思》，第二卷，第 154 页;《查拉图斯特拉如是说》，第 8、104 页;《偶像的黄昏》，第 269 页。

婚时，大地亦会为之颤抖。当一个人坠入爱河时，不应该让他对自己的生活做出决定，也不应该因为一时的心血来潮而一劳永逸地决定他一生所处的社会的性质。如果我们认真对待婚姻，我们将公开宣布恋人的誓言无效，并拒绝同意他们结婚。我们将重塑舆论，以鼓励试婚；我们将取得健康和良好血统的证明；我们将以长期服兵役的方式惩罚单身人士，并将以各种特权奖励那些子嗣众多的父亲。最重要的是，我们要让人们明白，婚姻的目的不是重复，而是超越自己。也许，我们将以适当的庄重和威仪，朗读《查拉图斯特拉如是说》给他们听：

> 你还年轻，渴望孩子和婚姻。但我问你，你敢于宣誓抚养孩子吗？你是胜利者、自制者、感官的统帅、美德的主宰吗？或者，这只是出于你的意愿，动物的兽性，还是生理的需要？还是灵魂的孤独？还是和自己怄气？我希望你对一个孩子的渴望，是你自己的胜利和自由。你要为你的胜利和解放，建造活生生的纪念碑。你要超越你自己。但首先，你必须在身体和灵魂上积极向上。你不仅要生长，还要向上生长！婚姻，因此，我称其为合二为一，超越自身。婚姻，我称其为具有这种意志的人的互相尊重。(《权力意志》，第 804、732、733 页；《查拉图斯特拉如是说》，第 94—96 页；《曙光》，第 150、151 页。)

简而言之，要实行优生婚姻，实行优生婚姻之后的严格教育。但是只有当对上帝的信仰和他的关怀被抛弃时，人们对教育的兴趣才会变得强大起来，就像医学只有在对奇迹疗法的信仰失望时才开始繁荣一样。当人们终于开始相信教育的时候，他们会忍受很多，而不是让他们的儿子错过在适当的时候上一所又好又严的学校。在一所严格的学校里学到的是什么？服从和指挥。因为这就是良好学校教育与其他学校教育的不同之处，即要求办得好，要求严格；出类拔萃，只是正常要求；赞扬是罕见的，饶恕是不存在的；指责是尖锐的、实际的、切中要害的，而且不论才情与身世。喜爱冒险甚于安逸；在可为与不可为之间，不做商人式的利弊权衡；敌视琐碎、狡猾和寄生甚于仇恨罪恶——如此教导的学校，正是我们所需的。这样的学校，将使学生通过生活和实践进行卓有成效的学习。它不会使他们受制于书籍的专制和历史的重负，它将使他们更多地了解未来，而非过去；它将教会他们，人类的未来取决于人类的意志，取决于他们的意志。这将为伟大的繁衍和教育事业铺平道路，并成为其中的一部分。[1] 但即使是这样的学校，也不能提供教育所需的一切。不是所有人都应该接受同样的训练和关爱，必须选择选定的群体，并向他们提供特别的指导。然而，最大的成功，将属于那些不寻求教育每个人或某些有限的圈子，而是只教育一个人的人。前一个世纪之所以比我们的时代优越，正是因为它拥有如此多的受过个人教育的人。

论剥削的必然性

其次是奴役。奴役是现代话语中最不受欢迎的词语之一，因为

① 《人性的，太人性的》，第 242 页；《权力意志》，第 912 页；《善恶的彼岸》，第 129 页；《曙光》，第 194 页；《作为教育家的叔本华》，全书。

它无情地颠覆了我们的陈规俗套。尽管如此，正如诚实的希腊人所言，有些人生来就是奴隶——除了那些自欺者，我们对此心知肚明。试图一视同仁地教育所有人，你就沦为了自身成熟的笑柄。民众仅在三个方面值得关注：首先，作为从破损的雕版上被印刷到劣质纸上的伟人的复制品；其次，作为伟人的映衬；最后，作为伟人的工具。生活，就是以牺牲他人为代价的：没有把握这一事实的人，还没有向真理迈出自己的第一步。把各种不幸视为反对，视为必须消除之物，这是地球上最大的无稽之谈。可以说，这几乎与出于对穷人的怜悯而试图消除恶劣天气一样疯狂。必须利用民众，不管这是否意味着他们必须受苦。生活需要巨大的力量，生活和不公正之间存在着鸿沟。与伟大个人的创造性痛苦相比，全体人民的痛苦算得了什么？

许多人摆脱了他们的奴隶身份，同时也抛弃了值得拥有的一切。在任何方面，奴隶都比现代劳工生活得更安定、更幸福，劳工选择了更艰苦的命运，只是为了满足自身非奴的虚荣心。这些人是危险的，不是因为他们强大，而是因为他们有病。这些病人对健康者的危害极大，可谓无出其右者。这些病人喋喋不休地谈论他们的病情，呕吐出胆汁——他们称为报纸，正是这些病人，灌输了最危险的毒液和怀疑论，腐蚀了我们对生命、对人类和对自身的信任；正是这些病人，极大地破坏了芸芸众生。由于诸如此类的原因，基督教可以服务于一个善良的用意，因此也服务于我们的目标。闲适、冒险、怀疑，乃至放荡——只有最强大和最可怕的本能才能拥有并使得生存成为可能的品质，必然要破坏平庸的本能。一旦他们拥有了这些品质，必会破坏平庸的本能。在后一种情形下，勤勉、规则、节制，连同坚定的“信念”——总之，所有的“群居者的美德”都会各就其位。在这些品质的影响之下，平庸者日臻完美。于是，善良的欧洲人，尽管是无神论者和无道德者，都将支持与社交本能有关的宗教和道德。可以说，通过宗教和道德，个人的订单才是齐备的，且必将在某个时候到货，而这正是为我们量身定做的人。

我们必须明白，奴隶是文化的必然代价。一些人的自由工作或艺术，牵涉另外一些人的强制劳动。这就好比，在社会这样的有机体中，只有通过低级功能的服从，高级功能才得以成为可能。一种高级文明就是一座金字塔，金字塔只能建立在宽阔的地基之上，而高级文明存在的首要前提是一个坚实稳固的庸众群体。为了给艺术的发展提供宽阔、深厚和肥沃的土壤，庸众群体必须奴隶式地顺从并服务于少数群体。把庸众群体作为铺路石，通过他们的超额劳动，特权阶层摆脱了生存困境，以便致力于创造并实现愿景世界。为了使少数奥林匹亚人能够创造出一个艺术世界，劳苦大众须承受日益加深的悲惨命运。①

贵族制

对于强者来说，最荒唐事的莫过于为剥削弱者感到耻辱，莫过于

① 《人性的，太人性的》，第 439 页;《权力意志》，第 660 页;《敌基督者》，第 57 页;《与孤独为伍》，第 7 页。

让弱者谏言，声称“快乐是一种耻辱——因为众生皆苦”。因此，让我们重新肯定快乐生活的权力，重新肯定洪钟之声压倒破钟之声的权力。这并不是说，形形色色的剥削本身是令人愉悦的。唯有当剥削维护并发展出一种高等人类的贵族制，且这种高等人类自身仍在向更高等的人类进化，这种情况下剥削才是有益的。这种哲学所致力的，不是一种个人主义的道德，而是新的等级秩序。在这个普选制的时代，在这个人人都有权评判一切的时代，重建等级秩序已是当务之急。高等人类须免于受到低等人类的玷污和压制。昙花总是一现，唯有野花处处盛开。[①]

关于等级秩序的首要问题是：人在多大程度上倾向于独居或群居呢？假如他倾向于群居，那么他的价值在于那些有助于他的种族或种类生存的品质；如果他倾向于独居，那么有价值的则是那些能使他区别于他人的品质。因此，重要的结果就是，不应用群居类型的立场来评判独居类型，反之亦然。从上文来看，这两种类型都是必要的，两者之间的对抗亦是必要的。用庸众的品质来类比独居者的品质，是低俗之举，反之亦然。总而言之，两者从一开始就被类比，因而要正视两者在品德、权利和义务上的差异。考虑到两者的差异，我们势必憎恶斯图尔特·密尔的模棱两可：“对于一个人是正确的，对另一个人也是正确的。”这是不对的。对于庸众是正确的，对他们的领袖来说恰恰是错误的；对于领袖来说是正确的，则对于庸众来说恰恰是错误的。领袖利用庸众，而庸众被领袖利用，他们的品德在于领袖的领

① 《论道德的谱系》，第 160、161 页；《权力意志》，第 287、854、864 页。

导效率和庸众的服务效率。奴隶道德是一回事，而主人道德是另一回事。[①]

领导力当然需要贵族制。再强调一次：民主向来都意味着目标和组织力的丧失或死亡，唯有伟大的贵族家族才能担当上述责任——他们拥有长期的领导和管理传统，而古老的传承保证了必要意志和必要天赋的世代延续。于是，不仅贵族制是必需的，还应有等级制度。因为平民血统的人，其灵魂是卑贱的，教育、训练和文化也无力回天，只能使他成为一个大骗子。因此，应当断然避免领导阶层和庸众阶层之间的通婚，甚至是社会交往。跟野蛮人交往过多，毁灭了罗马人，同样也将毁灭所有高贵的种族。[②]

应如何转变立场，才有希望发现对于这样一种贵族制的渴望呢？唯有当一种高贵的态度（它相信奴隶制，也相信多种等级序列，并视其为任何更高级的文化的先决条件）盛行之时。持这种态度的人，将持之以恒地呼吁，并将最终造就强有力的哲学家、艺术家兼独裁者，亦即一种更高级的人类。由于他们无可匹敌的意志、知识、财富和影响力，作为掌控欧洲命运的最佳精妙工具，这种更高级的人类将造福于民主的欧洲。这些伟大渴望者的基本信念将是：决不能为了社会本身而允许社会存在，社会只能是一个基础和脚手架——一个选定的阶层借以提升自己并履行他们的最高职责。简而言之，一个选定的阶层借以塑造一个更高级的群体。这就如同爪哇岛上向阳攀缘的植物，它

① 《权力意志》，第 886、926 页。

② 《偶像的黄昏》，第 96 页；《权力意志》，第 957 页；《善恶的彼岸》，第 239 页；《不合时宜的沉思》，第二卷，第 39 页。

们日复一日地环绕着一棵橡树攀爬，最终攀爬到橡树顶端，并以橡树为支撑，舒展它们的枝叶，绽放它们的幸福。[①]

上升的迹象

我们正在迈向这样一个巅峰吗？我们能够在生活中觉察到任何上升的迹象吗？没有任何“进步”的迹象。这是类似于基督教的另一种鸦片——对于奴隶这是珍馐，但统治者应当敬而远之。作为一个物种，人类停止了进化，这个物种的总体水平并没有提升。但是，乌合之众为更强有力的人种而牺牲——这将是一种进步。[②]

在某种程度上，这种进步一直都在发生。希腊的统治阶级就是这种进步或成就的范例，正如荷马所见，甚至如修昔底德所见（虽然自苏格拉底时代起已开始退化）。这种文化，拥有索福克勒斯这样的诗人、伯里克利这样的政治家、希波克拉底这样的医生和德谟克利特这样的自然哲学家。在这种文化中，对生命的积极态度随处可见；在这种文化中，生命洋溢在相应的艺术之中；在这种文化中，人们是微不足道的，以至可以暂时忘记他们所肩负任务的艰巨和危险；在这种文化中，人们是肤浅的，但又是深刻的；在这种文化中，人们颂扬节制的哲学家，因为他们自己是如此放纵、冲动和任性。希腊的统治阶级是伟大的，他们超越了生前身后的所有统治阶级，因为在这里，统治

① 《权力意志》，第464、960页；《善恶的彼岸》，第225页。
② 《权力意志》，第44、684、909页；《论道德的谱系》，第91页。

阶级的道德成长于统治阶级，而不是成长于庸众之中。[①]

我们在文艺复兴时期的人的身上看到了部分希腊人的荣耀：他们的道德是不完美的，他们的要求是可怕的。我们不敢站在创造这些人和这些人所创造的境况之中，我们甚至不敢想象我们自己身处那种境况：我们的神经不能承受这种现实，更不用说我们的肌肉了。这种类型的人，或者说他们的延续者和继承者，就是但丁和米开朗琪罗（就像丹纳准确地指出的那样）。我们认识一个这样的人，且不因距离遥远而陌生，他是难以抗拒的。这个实在的存在体，就是怪物和超人的综合体拿破仑！他是现代第一人，也是最有进取心和思想的人。他是一个宽容的人，这不是出于软弱，而是出于力量，他充分享受自然的危险，并足够坚强地实现这一自由。在这样一个人身上，我们从他大理石碑文的事迹中看到了一种无私的品质，无论在这个过程中牺牲了多少人。人们乐于为他服务，如同大多数常人乐于服务于这位伟人一样。民众厌倦了"平等权利"，厌倦了没有主宰者，民众再次渴望崇拜天才。如何宽恕法国大革命这场可怕的闹剧？它让人类为拿破仑的出现做好准备！[②]

我们将何时创造出另一个超人呢？让我们回归问题本身：我们能否在自己身上察觉到任何力量的迹象呢？答案是肯定的。我们正在学会摆脱上帝，我们正在从卢梭的高贵情感中恢复，我们正在给予身体

① 《曙光》，第 165、168 页；《权力意志》，第 1052 页；《善恶的彼岸》，第 69 页；《快乐的知识》，第 10 页。

② 《偶像的黄昏》第 91、110 页；《快乐的知识》，第 362 页；《论道德的谱系》，第 56、226 页；《权力意志》，第 975、877 页；《善恶的彼岸》，第 201、53 页。

应有的机能，生理学正在超越神学。我们不再渴望谎言，我们正在直面生活中的某些丑陋现象，如妓女。我们不再空谈“义务”和“原则”，我们不再那么迷恋资产阶级习俗，我们不再以本能为耻，我们不再信任缺乏权力支撑的权利。这是朝向“天性”的进步：在所有政治问题中，甚至在政党关系中，甚至在商界、工人群体中，只有权力问题才是至关重要的。首要的问题是我们能做什么，次要的问题是我们应当做什么。对于道德存在一定程度上的开明心态，这种心态明显缺乏，可视为一种病（如卡莱尔、易卜生和叔本华）。把我们与我们的时代关联起来的，恰恰是不道德行为的数量，它让我们免于坠入自命不凡。[①]

现代科学虽然在专业划分上越来越窄，但这也是它上升发展的一个表现。现代科学是最严谨的，事无巨细，均持有冷酷无情的严谨态度，同时对一切的评估、判断与谴责均能迅速做出决定。现代科学的要求最为严格，纵使你出类拔萃也得不到奖赏。就像在军中一样，你只能听到非难和尖锐的叱责。因为表现良好就是它的规则，而规则是沉默的，这与其他任何地方一样。“科学的严谨”，如同最佳社会的交际风度一样，会使初学者感到惶恐。能适应它的人，便会喜欢这种清澈、透明、有力、充满激情的环境，喜欢这种男子汉氛围，并对其他氛围毫无兴趣。[②]

科学的这种成就中蕴含着哲学前所未有的机遇。科学追溯事物的

① 《权力意志》，第 109、134、747 页。
② 《快乐的知识》，第 293 页。

进程，但不指向任何目标：它所给出的是新目标，必须奠基于其所给出的基本事实之上。现在，科学为哲学家未来的任务铺平了道路。哲学家未来的任务，就是必须解决价值问题，就是必须确定价值的等级。哲学家必须成为立法者和指挥者，哲学家必须为人类决定“向何处去”以及“为什么”等问题。所有知识都要听从他的调遣，并作为一种创造工具而服务于他。[①]

重新上升运动的最确切信号，是生活中尚武精神的发展。欧洲的军事发展是一个惊喜。这种优良的训练，正在教导我们尽职尽责，而不期待褒扬。对于民主思想的柔弱，我们拥有普遍兵役制这样一剂奇特的解药。人们正在再次体验险境中的生命之乐。他们中的一些人甚至明白了一个古老的真理：战争本身是善的，战争不只是获得土地或其他财富。他们不再声称“一个好的理由将使战争神圣化”，而是学会了说“一场好的战争将使理由神圣化”。当社会的本能最终使它放弃了战争和征服，它就是腐朽的，而民主和小店主统治的时机已经成熟。阻止战争的国家，不只是在自杀（因为战争对国家的必要性，就像奴隶对社会的必要性一样）。它与生活是敌对的，它对人类的未来是愤怒的。维持军事状态，是秉承伟大历史传统的最后手段；或者说，在哪里跌倒，就在哪里爬起来。唯有通过这样的方式，高级或强健类型的人类才能生存。[②]

---

① 《偶像的黄昏》，第 260 页；《论道德的谱系》，第 58 页；《善恶的彼岸》，第 151 页；《与孤独为伍》，第 221 页。

② 《权力意志》，第 127、728、729 页；《论道德的谱系》，第 88、226 页；《快乐的知识》，第 282 页；《查拉图斯特拉如是说》，第 60 页；《与孤独为伍》，第 15 页。

民族，是自然成就数名伟人的曲径，国家则是为达成这个目标而存在的无道义组织。但当今的国家是一个非常不完善的工具，随时都有可能受到民主的摧残。在这里，尼采关心的是欧洲统一进程的缓慢和停滞。这是那个世纪唯一心胸宽广、思想深邃的人的想法，也是他唯一真正的工作和冲动——试探性地预测“欧洲人”的未来。仅当他们日趋衰弱，或当他们衰老之时，他们才会沉沦到“祖国”这一狭隘的民族立场——然后，他们再次成为“爱国者”。在这里，人们脑海中浮现的是拿破仑、海涅、歌德、贝多芬、司汤达、叔本华等伟人。然而，在这种迟钝的民族主义背后，是否存在某种单一的观点？在一切都指向更大和更多共同利益的今天，鼓励这种傲慢的自负又有什么可能的价值呢？此时此刻，所有人都显而易见地精神依赖和去民族化，正在为构成当今文化的真正价值和意义的和睦和肥沃铺平道路。[①]

这样一个统一的欧洲，对于发展、保护和倡导卓越的个人来说，将是一个多么好的工具啊！经历了这么长一段时间的民主堕落后，这是一次多么美好的上升啊！回顾两个已经研究过的运动，现在可以用我们的哲学把它们串起来了。一方面是基督教的神话和道德，崇拜虚弱，恐惧生命，种族堕落，甚至旷日持久地压制特权和强者，堕落到民主、女性主义和社会主义，最终沦为无政府主义，终结于悲观绝望，彻底丧失了对生命的热爱。另一方面是对生命价值的重新肯定，截然区分奴隶道德和主人道德，承认贵族对健康、活力和精力的评价

---

① 《善恶的彼岸》，第 94 页；《权力意志》，第 717、748 页；《论道德的谱系》，第 223、224 页。

是道德的，承认权力意志是一切行动和一切生活的源泉和意义；承认高等的人、特殊的个人的概念是人类努力的目标；婚姻、教育和社会结构被重新定位，并转向培养和珍惜这些更高层次的人；终结于作为超人的工具和艺术表达的欧洲超国家组织。[1]

这样一种哲学，是否过于沉重？完全正确。但那些不能忍受它的种族，注定要灭亡；而那些视其为最大福祉的种族，则注定成为世界的主人。[2]

批判

对上述言论，大家有什么看法？一个民主人士——一个偏好社会主义和女权主义，甚至虚无主义的民主人士，以及一个耶稣的热爱者，会就此说点儿什么呢？对于上述言论，这样的人早已怒不可遏，急不可耐，随时准备跳起来反驳。

这里提到一些教训，他开始说，好像他是在扫除最初的障碍一样。我们每个人身上都有尼采的影子，就像我们每个人身上都有耶稣的某些特质一样（正如温宁格所说，我们每个人身上都有男性和女性的特质）。庸众中的部分人，对这种无情的权力学说感到欢欣鼓舞。尼采立身于社会和道德结构之外，他是某种生活在思想世界的隐居者。旁观者清，所以他可以看到这个结构里的某些东西。只要你倾听

①《权力意志》，第 712 页。
②《权力意志》，第 1053 页。

他，你会重新看待历史，视其为一个连续不断的掌控、奴役和欺骗的过程，而你将甘心接受，未来不过是这一过程的延续。然后你开始意识到，如果未来是不同的，我们必须做的事情之一，就是从尼采的梦想中抽身出来。

而且，寻找着手点的最好办法就是采用尼采的原则：每种哲学都是一种生理学。[①] 他要求我们相信他身上并没有病态之类的东西 [②]，但我们不能信以为真。尼采哲学的最重要之处在于，它是由一个病人创作的哲学。他是一个病入膏肓的人——如果允许我就此发表看法，病因是他性别结构上的异常，他是一个不吸引异性的男人，因为他身上有如此多的女性特征。“他是一个女人，”他在《查拉图斯特拉如是说》中写道，“除了战士之外，什么都不爱。”那就是说，尼采知道自己的病因，即他对女人的仇恨，对权力的渴望，对力量和成功的谎言的崇拜。(《权力意志》第 544 页的脚注中引用了拿破仑的话：“我的一个几乎本能的信念，就是认为所有强健的男人说话时撒谎，写作时更是如此。”) 他无法看到暴君和奴隶之间的中间物。(“在如此长时间里，女人隐匿着一个奴隶和一个暴君……她不懂友谊。” [③]) 所有这些都是女性特质。一个强健的男人，不会如此泼妇骂街似的批判妇女和基督教；一个强健的男人，不会如此啰里啰唆，不会如此强调渲染，不会如此夸张和感叹；一个强健的男人，会更温文尔雅，会笑对尼采的责骂。这是一个在社会本能方面异常衰弱的男人的哲学，同时，

① 《快乐的知识》，第 5 页。
② 《瞧，这个人》，第 53 页。
③ 《查拉图斯特拉如是说》，第 75 页。

他还缺乏自然遗留给他的社会本能的适当宣泄口。

因此，尼采从未超越个人。尼采认为社会是由个人组成的，而社会事实上是由群体组成的。尼采假设，个人能具备的唯一美德，是那些有助于其成为个人的品德。然而，只有在社会表达中，只有在合作中，才能发现自我表达。而且，许多美德之所以是美德，是因为它们使人们能够携手对抗共同的恶。这种观点，对尼采而言是完全陌生的。尼采没有看到同情和互助等美德，虽然这类美德保全了某些低等人，且仍然是群体的黏合剂。因此，这类美德有利于群体的生存，唯有如此，强者才没有灭亡。尼采没有想到，侵入罗马的野蛮人，或许需要来自“温和耶稣的温顺宽厚”的福音，如果他所钟情的古典文化能有所教益的话。(《权力意志》第 403、404 页中的某些话，大体上承认了这一点。) 他嘲笑自我否定，然而又要求人们永远献身于某些自命的超人。

当然，对于所有热衷于权力的弱者来说，关于贵族制、奴役的必要性以及民主的荒谬性的哲学，是激动人心的。此前，他们并未在柏拉图那儿读到这类信息。在这个特定的情形中，尼采处境的幽默之处，在于他有力地攻击了非宗教的宗教谎言，而这种谎言恰恰已经被证明是他正试图加强其权力的阶级所掌握的主要手段之一。“我希望获得谅解，”尼采说，“因为我发现，迄今为止的所有道德哲学，始终都只是精神鸦片。”[①] “发现”——他说得好像贵族们对此一无所知一样！“这是一个天真的书呆子，”“强健的男人们”窃窃私语，“他发

① 《善恶的彼岸》，第 173 页。

现了我们耳熟能详的东西。他信誓旦旦地告诉我们应如何增强我们的权力，但除了把我们这行的最大秘密暴露在书本之中，他找不到更好的办法了。"

尼采的价值正在于这种谎言之中，就如同卢梭口中的马基雅弗利一样：他为我们掀起了剥削悲剧的遮羞布。对民主制必须对付的人，我们现在了解得更清楚了。我们看到，文化不能离开奴隶制而存在的论点背后，隐藏着权力的贪婪。如果这一论点是对的，那对文化来说情况就更糟了！如果文化意味着生活的满足感日益集中在少数"上等"猪手中，它们的文化就可能被抛弃；如果文化要留存下来，就意味着它必须把握知识和能力的方向，以传播生活的满足感。主人和奴隶的关系，朋友和朋友的关系，哪一种更好？当然，比起一个以侵略为本能的世界，一个人们相互喜欢、互相帮助的世界要更美好。这样一个合作的文明，不必惧怕生存的考验。选择使团结变得越来越重要，而好斗的价值则越来越低。智慧，而不是暴跳如雷，将赢得未来的伟大竞赛。友谊是会带来回报的。

世界历史记录了以理解取代仇恨、以远大视野取代鼠目寸光、以合作取代对抗、以友谊取代奴役的耐心和有计划的尝试。友谊，是一个老于世故的人避免使用的词汇。但让我们再强调一遍：众所周知，言语能够滋养行动，而没有这类言辞，这些行动就永远不会变成现实。有些人在让尽可能多的人做他们的奴隶时找到天堂，另一些人在让尽可能多的人成为他们的朋友时找到天堂。我们需要哪种类型的人？哪种类型的人足够多，会使这个世界成为荣耀和快乐之地？耶稣活着时的希望，就是总有一天，"人"会成为真正的"朋友"。这是唯一值得为之而活的希望。

尼采的回应

“这当然不是一个理论的魅力，”尼采说，“可以反驳。”[①] 但是，“我和单纯的反驳有什么关系呢？”[②]“我不过是更好的表演的序幕。”[③]

> “诚然，我奉劝你们，”查拉图斯特拉说，“远离我，提防查拉图斯特拉！如能以查拉图斯特拉为耻，则更好。有洞察力的人不仅要能爱他的敌人，还要能恨他的朋友。一个人总是党同伐异，这是对老师不好的回报。你们为什么不摘下我的桂冠呢？你们敬畏我，若有一天，你们的尊崇衰弱了呢？小心被雕像压死！”
>
> 你们相信查拉图斯特拉吗？但查拉图斯特拉价值几何？你们都是我忠心的信徒，所有忠心的信徒都是如此，因此，所有的信仰都是微不足道的。现在我求你们抛弃我，寻找你们自己。你们不与我断绝关系，我就不会回归你们。（《查拉图斯特拉如是说》，第 107 页。）

① 《善恶的彼岸》，第 25 页。
② 《论道德的谱系》，第 6 页。
③ 《查拉图斯特拉如是说》，第 303 页。

结论

"瞧，"鲁丁说，在屠格涅夫的故事中，"你们看到那棵苹果树了吗？它已经由于不堪自身果实的重负而倾倒了。这就是天才的象征。""毁于既无法承受亦无法摆脱重负的人，"尼采写道，"正是哲学家。"[①] 哲学家，生如夏花之绚烂，查拉图斯特拉说，死如秋叶之静美。[②]

走向疯狂，只是时间问题。尼采察觉到疯狂正在来临，他像一个死刑犯一样争分夺秒。在20天的时间里，他撰写了《论道德的谱系》；在一年的时间（1888年）里，他撰写了《偶像的黄昏》《敌基督者》《瓦格纳事件》《瞧，这个人》，他还撰写了他篇幅最长的杰作《权力意志》。他不光写了这些著作，还阅读校样，以致用眼过度，最终无药可救。现在，他几乎失明了，他被欺骗了，被利用了，因为他视力差到必须靠摸索行动了。"假如我瞎了，"他可怜巴巴地写道，"我将是健康的。"然而，他的身体疼痛难忍："在这一年中的118天里，我饱受病痛的折磨。""我给这种疼痛起名为'一条狗'——它摇尾乞怜，同时又纠缠不清、厚颜无耻。我能制得住它，迁怒于它，如同别人对待他们的狗、仆人和妻子那样。"

与此同时，这个世界并没有留意尼采。或者说，仅有的留意也只是误解。"我的反对者变得强大，他们歪曲我的教导，以致我最爱的人也必定会耻于接受我的礼物。"他知道，欧洲的自由主义者

① 《偶像的黄昏》，第2页。
② 《查拉图斯特拉如是说》，第10页。

正在利用他的哲学来掩盖他们的罪恶："一眼便知，他们完全误解了我，他们的兽性为能够摆脱脚镣而欢欣鼓舞。"他自以为发现了一个可能的接班人，他为此而飘飘然了好几天，希望破灭了，孤独再一次逼近他。"温言一句，如沐春风！"他呐喊着内心深处的渴望，"多年来，没有人性的乳汁浇灌我，也没有爱的气息抚摸我。"

1888年12月，一个自诩为尼采朋友的人写道，尼采的妹夫在一家杂志上刊文攻击他。这是压垮骆驼的最后一根稻草，这意味着他的妹妹已经加入背叛者的阵营。"我服用了一片又一片安眠药以减轻痛苦，但最终还是无法入睡。今天，我将服用超大剂量直至我失智。"他一直都在服用三氯乙醛，一种剧毒药物，以求得到更好的睡眠。本来他就遭遇了用眼过度、失明、孤独寂寞、众叛亲离，以及全身的病痛，而三氯乙醛则成了最后一根稻草。他从昏迷中醒来，但再也未能复原。他写信给布兰德斯，署名为"被钉死在十字架上的人"。他流浪街头，被孩子们折磨着，身体不适。他的好房东帮助他回到房间，叫来了那个愚昧无知的医生邻居，但为时已晚，尼采已经疯了，时年44岁。唯一比尼采更伟大的现代哲学家（指斯宾诺莎），在这个可怜的年纪已经去世了。

行尸走肉11年后，尼采死于1900年。他的葬礼如其所愿。尼采在多年前要求他的妹妹："答应我，在我死之后，只有我的朋友才能站在我的棺木旁，不要让好奇的人来围观。当我不能再为自己辩护的时候，请不要让牧师或其他任何人在我的坟墓旁胡扯，让我作为一个诚实的异教徒进入我的坟墓。”

在他身后，世人开始阅读他的著述。屡见不鲜的是，呐喊和智慧是以生命为代价的。尼采在《查拉图斯特拉如是说》中写道，“只有坟墓出现的地方，才会有复活。”

PART 2

下　篇

学说的应用

5 HEROES OF PHILOSOPHY

第六章

解决和解构

至此，我们浏览了哲学史的五辑，发现自己仍然处在令人困惑的当下，舒适地坐在一座大图书馆的大阅览室里。一位图书馆员将我们从身边的“尼采著作”迷宫中解放出来，并很快带回30本书，声称这些是社会研究领域的最新著述。很快，我们就迷失在这些著述的图表和统计数字、记录和结果之中。渐渐地，在这些死气沉沉的事实之下，我们能感受到它们揭示的生活。当我们阅读时，我们看到了一幅图画。

这是一个人一生的写照。我们看到，他的生命无助地始于医生的臂弯，在医生用力拍打之后，他才开始呼吸，仿佛不愿开始他人生的冒险之旅。这位医生说，他有点儿肺炎，但总体来说还算是个很健康的婴儿。健康就好，管他为什么好或对谁来说好呢。幸运的是，这是一个男孩，他将很快能够工作。他确实很快就工作了，他9岁就成了报童。他早上5点起床，直到8点都在兜售报纸，9点时他去上学，筋疲力尽但坐立不安。他总在学校惹事。他的记忆力不够好，也坐不住，他逃学，喜欢街上的“硬课”。放学后，他有半小时的游戏时间，但他必须接着卖报，直到晚上 6 点。晚饭后，他对学习毫无兴趣，如果不能到街上玩，他就会上床睡觉。14 岁时，他讨厌每天在学校挨打或挨骂，他纵容父母的某些谎言，而这些谎言使他过早地进入工厂。他努力工作，也曾有一段时间过得非常快乐，工厂比学校有更多的自由。他发现了性爱，经历了通常的意外事件，最终以性病的方式步入成年。他屡次恋爱，屡次失恋，仅有一次成功。他结了婚，把性病传染给了妻子，他们生了 10 个孩子，孩子们几乎都是孱弱不堪的，其中有两个还是盲人。他不想要那么多的孩子，但神父告诉他，这是宗教的要求。他更努力地工作以养活孩子，但是他的健康正在衰退，生活对他来说成了沉重的负担。工厂实施了科学管理，他发现自己每 10 秒的操作次数从 7 次增加到 12 次，每分钟从一次增加到了 6 次，每天大约有 3 000 次的操作量。他抗议，但被告知这是由科学指挥的。他加入工会，并参加罢工。他的家庭遭受了严重的痛苦，他的一个孩子死于营养不良。他赢得了 5% 的工资增长，但他的房东提高了他的房租。一个月后，他的妻子告诉他，食品和衣服的价格上涨了 6%。他的国家为了一块他从未听说过的领土开战，他的一个相当强壮的儿子为国而战，带着一条腿和半只胳膊回来了（时年 20 岁），坐在屋子里抽烟、喝酒，反复唠叨着他对战争的回忆。此后，街头巷尾开始谈论社会主义、资本主义和其他难以理解的新事物。一线希望，一片疑云，然后是屈从。他的 4 个孩子在 20 岁之前就病死了，另有两个患肺结核孱弱不堪。他被工厂解雇了，因为这位父亲已经太老太衰弱了。他在一间沙龙找了份工作。酗酒使他失足。他从厂主的情妇那里偷了一只手镯，被捕后试图上吊，但在半死时被发现，人们违背他的意愿恢复了他的呼吸。他服刑期满回到家人身边，沦为一名乞丐。他死于贫病交加，他的遗孀得到两个女儿的赡养，这两个女儿成了成功的妓女。

这是一个人一生的写照。读它的时候，你发现这是众人的写照，这是众人的苦难、荒谬和遭遇，他只是沧海一粟。你听到了叛逆青年愤怒的呐喊，你听到了失去反抗能力的老者醉醺醺的哄笑，你听到了儿女成群的母亲的暗自抽泣。在你身边，你可以看到年轻学子的快乐面孔和舒适家庭中的雄辩；在你身边，你可以看到一位家庭绅士正在撰写一本关于罗伯特·勃朗宁（英国维多利亚时代两大诗人之一）乐观主义的书。然后突然，在这个闲暇和博学的世界中，你察觉到工人支撑力量的疲惫，你看到这座大厦的每个支柱，是由无数劳苦大众的背脊痛苦地支撑着的，日复一日，万般难熬。你的闲暇，就是他们的劳作；你的博学，就是他们的无知；你的奢华，就是他们的辛劳。

曾几何时，大厦似乎在颤抖，自下而上的反抗仿佛在骚动，世界似乎摇摇欲坠。然后，世界再一次安静下来，你我在此阅读这30本书。我们感到内疚，尤其是在读了尼采的著述之后，我们匆忙逃回堆积如山的书本中，试图看清未来。书本中冰冷的科学陈述，就是我们的社会问题：生物学著述，是关于遗传、优生、营养学和疾病的；社会学著述，是关于婚姻、妓女、家庭、妇女地位、节育和人口控制的；心理学著述，是关于教育、犯罪学以及用社会宗教取代超自然宗教的；经济学著述，是关于私有财产、贫困、童工、产业方法、仲裁、最低工资、信用、自由贸易、移民、制裁和战争的；社会学著述，是关于个人主义和共产主义、无政府主义和社会主义、单一税、达尔文主义和政治学、民主制和贵族制、爱国主义、帝国主义、选举和管理方法的；方法论著述，是关于商会和行会、“直接行动”和“政治行动”、暴力和非抵抗、革命和改良的。这是一座令人沮丧的迷宫，深陷其中的我们几乎无可救药。在上述著述中，有人提出拆解社会机器的方案，还有人提出重构社会机器的方案。几乎没有人能记得这个古老的忠告：社会机器在维修期间必须维持运转。所有这些言之凿凿的方案，都只是画蛇添足的徒然。

众家之言，姑妄听之。我们姑且看看他们的方案指向何方。无论如何，开卷有益。

女性主义

首先，出于应有的礼节，让我们来听听妇女对现状的抗争。我们想象一个勤勉好学且显然无恶意的年轻女士所做的论争。她一开始语调平缓，但口气越说越激烈。

“妇女的情形相当简单，就像民主一样简单明了。我们是人类，我们被统治，我们被课税。而且，我们相信，正义的统治意味着被统治者的赞同。

“我们可能满足于旧式的生活，如你们这些世界统治者所愿。但你们并未如愿。你们的产业体系使得大多数年轻人陷入如此绝望和不安之中，以致他们年复一年地推迟结婚年龄。你们迫使我们走出自己的家庭，走进你们的工厂。你们利用妇女就业，加剧男人本已激烈的就业竞争。你们宣扬家庭的神圣，但同时把500万名英国妇女拖出她们的家庭，迫使她们沦为你们麻木不仁的机器旁的奴隶。你们颂扬婚姻，但在这个国家里，每10名妇女中就有一人不结婚，每20名已婚妇女中注定有一人在你们肮脏的商店工作。你们的产业体系导致的城市污染，使我们的生活愈发艰难，而诱惑是如此之多，罪恶又是如此诱人和触手可及，以致我们很难出淤泥而不染。

“因为对婚姻的恐惧，部分妇女走进你们的工厂。因为对你们工厂的恐惧，部分妇女选择结婚。但这两种选择，并没有多大差异。如果我们选择结婚，我们就沦为生产下一代工人和士兵的机器。而如果我们谈节育，你们就会逮捕我们。就好像对于所有科学发现，我们无权拥有一样！而令人恐惧的是，你们禁止我们学习如何从大家庭的不幸中拯救自己和孩子，而你们自己则从医生那儿获得并运用相关知识。反生育控制社团中已有人披露，社团成员的家庭平均每户只有一个半孩子。你们的医生在学术集会上碰头，投票通过禁止这条信息传播的法律，然后，我们发现在社区里医生的家庭平均规模最小。要想融入你们这个要求我们捍卫的文明，我们必须沦为一个骗子和盗贼。

“但我们下定决心要获得这个信息，而你们用它来阻碍我们的法律，只能损害我们对法律的尊重。我们不会再生育孩子，除非我们拥有能给予他们体面生活的合理希望。不仅如此，我们将终结婚姻的伪善。如果你们遵守一夫一妻制，你们可以结婚。但假如你们只是继续假装遵守一夫一妻制，我们将设法重获独立。我们绝不罢休，直到摆脱你们的慷慨之痛，直到我们的面包不再来自你们的仁慈之手，而是来自国家或雇主对我们工作的认可。然后，我们将自由地离开你们，而你们也将自由地离开我们，如同我们在一开始自由地选择了彼此一样——截至目前，一言难尽！爱的绝对命令让我们自由。我们的孩子将不再受苦，他们看见我们分开，好过他们在虚伪的暗战中与我们同住。

“因为我们想要这种自由——留下抑或离开的自由，这种认识并控制生活中重要因素的自由，因而我们要求平等的选举权。选举权微不足道，只是一个开端。记住，在努力阻拦我们起步时，你们是如何泄露自身秘密的。你们害怕跟我们分享投票权吗？你们能坦承未经我们同意就指手画脚吗？你们能坦承利用我们以达到不可告人的目的吗？你们敢在公开场合与我们公平竞争吗？选票是你们对我们使用的一种武器，但不让我们对你们使用这一武器吗？所以，你们窃取了公民权！或者，你们会要求我们相信你们这么做不是出于自身利益，而是为了子孙后代吗？

“但我们将从你们那儿得到这些权利，正如我们从你们那儿得到其他东西一样——我们可以依样画葫芦。于是，我们将继续使这个世界更适合女人生存：我们将强行打开所有以前向我们封闭的生活之门，这种封锁使我们变得狭隘、可悲和无趣。我们将强迫你们的大学接纳我们，我们将闯入你们的职业领域，我们将与你们争夺办公室，我们将获得经验并尝试冒险，我们要成为你们在文学、哲学和艺术领域的竞争者。你们声称我们无法成为你们的同志，无法成为你们的朋友，我们只能当暴君或奴隶，但我们还能成为什么呢？我们被排除在生活中所有富有教益的东西之外。你们把世代创作的伟大作品藏起来，不让我们阅读，然后惊讶于我们的流言蜚语，惊诧于我们的愚蠢谣言，还对我们无法与你们谈论商业、政治、科学、宗教和哲学感到惊异。你们不让我们成长，然后又抱怨我们如此幼稚。

“但我们现在想成长，想成长！我们不再只是母亲。这个世界不需要那么多孩子。甚至，为了更好地抚养孩子，我们必须有更广阔也更健康的生活。我们必须强化自己的理智，并弱化自己的情感。我们打破了旧的狭小世界的束缚，我们现在必须探索一切。现在想要阻止我们，为时已晚。如果你们尝试阻止我们，只会使我们的生活变得一团糟，充满仇恨和冲突。你们知道我们为什么想要成长吗？因为，我们渴望有一天，我们不再仅仅是你们的情人，还是你们的朋友。”

社会主义

另一种抱怨，来自一个年轻的社会主义者。像这样年轻的社会主义者，几乎每晚都在党支部昏暗的办公室里工作到很晚，而周末的时间则要献身于《资本论》。他双目明亮，未受幻灭的影响，他为同志乐土的愿景所激励。

他说：“我赞同这位年轻的女士，我们所有的病因全在于资本主义体系。资本主义生来就是一部由蒸汽驱动的机器，并且是自由放任的。它诞生于亚当·斯密所在的英国，毁坏了这个国家男人的健康，然后来到美国，并在‘自由’和‘有权随心所欲’的基础之上野蛮生长。资本主义信奉竞争，亦即战争，视竞争为上帝，一切生活、行动和苦干都是竞争。它不择手段地逐利，并以之为检验成功和美德的标准，结果，诚实的人为自己感到羞耻，如果他们失败的话。它使所有的生活成为一种‘推’和‘拉’，就像那些商业大厦的大门一样——这些商业大厦如同直入云霄的新巴别塔群一样，使得城市成为砖石的迷宫。它的金科玉律是不放过任何蝇头小利，它的目标是使尽可能少的人尽可能多地幸福。出于竞争的需要，它衍生了信用、折扣和‘君子协定’；出于‘契约自由’的需要，它造就了工薪奴隶；出于‘自由、平等和友爱’的需要，它创造了一个比旧封建制更恶劣的产业封建制，前者基于土地继承权，而后者基于成千上万男女老幼的灵与肉。当资本主义诞生时（1770 年），英国的岁入为 6 亿美元。到 1901 年，英国的岁入是 80 亿美元。资本主义体系制造了 1000 名百万富翁，但大众依然像过去一样忍饥挨饿。[①] 它提高了工资，但物价上涨幅度更大。它改善了 1/10 上层工人的状况，但无视剩下的广大普通工人，听任其陷入麻木和绝望的深渊。它通过发明目光短浅的管理科学走向巅峰，并以此为手段，强迫人们如此高效和机械地劳作，以致人们心智失常，而他们的肉体在大限到来之前要忍受长达 20 年的病痛折磨。它使这个世界充斥着贫困、

① 温斯顿·丘吉尔在议会的发言，转引自斯昆梅克:《世界大战及其超越》，纽约，1915 年版，第 95 页。

丑陋和卑鄙，以及粗俗的炫富。所有人的生活，因此变得难以忍受和毫无廉耻，猪狗不如。

“唯有一种方法能拯救我们的文明。在少数人的寄生式堕落和其他人营养不良的过程中，资本主义体系正在堕落。这种方法就是公开放弃资本主义自由放任主义的疯病，把国家变成一台用于国家事业管理的机器。我们工人必须掌握办公室，把政府变成管理机构。否则，我们的罢工和抵制，我们的‘直接行动’和经济组织就会收效甚微，难有作为。我们所‘赢得’的每一次罢工，都意味着物价即将上涨，而且，我们被迫将时间和力量，以及职责全部投入旨在加强团结的自我训练之中，从而筋疲力尽，无暇他顾。只有控制垄断，才能控制物价，而只有控制政府，才能控制垄断。这意味着直到无产阶级获得足够的智慧并能够选出诚实而明智的人进入办公室之时，这个政治蓝图才是可行的。但如果无产阶级没有如此行事的智慧，他们也就没有在经济或其他领域取得成就的智慧。我们知道让人们思考是一件困难的事情，但我们自认为，我们的宣传是一种逐年强大的教育力量，而且已经形成强大的力量——在内战以来美国最重要的选举中举足轻重。

“尽管有相当数量的民众已经受到教育——主要是通过我们的宣传，他们能够理解，如所有战争背后的经济贪婪。他们察觉到，只要资本在国内市场发现了它的最高利润率，资本家就会保卫和平。但当资本扩张到某个顶点，利润率开始下滑，或者当劳工不再驯服，因为他们不再是无组织和无知的，资本家就会去寻找海外市场和海外投资，而且不久就会诉诸战争。也就是说，他们会牺牲本国工人的生命，去帮助他们勒索外国政府和民众。只有资本国有才能改变这种状况。我们一度认为，我们已经文明得永不言战了。但我们开始意识到，我们的产业封建主义将不可避免地导致战争和军备，以及国民生活的军国主义模式所造成的智力停顿。我们开始把所有的历史看作黑暗时代（间或有些光线可见）——一系列的战争，人们为了谎言而杀人或被杀，拼死保卫剥削者的财产。而且，我们比以前更清醒地认识到，这一连串的恐怖屠杀和劫掠根本就不是文明。而且，如果我们不能把我们的产业战争转变为合作的共同体，如果我们不能把所有的‘外国人’转变为我们的朋友，那么我们永远都不可能拥有名副其实的文明。”

优生学

优生学家对此表示：“我亲爱的年轻朋友，你必须学习生物学。对自然的运作方式如此幼稚无知，会让你改进人类的计划落空。来我的实验室待上几年，你将逐渐明白，仅靠改变环境，你几乎是无能为力的。说了算的是自然，而不是培养。改进有赖于消灭劣等品，而不能指望社会主义的传单或安置工作带来的革新。你必须做的事，是发现自然选择的某种替代品——自动地并无情地消灭不适者，我们正在越来越受挫于我们目光短浅的慈悲之心。必须提到人道主义，我们对干预神圣的‘个人自由’的忧虑，必须由某种意义上的社会权利来缓和，以保护自己不受个人的干预。如低能儿，他们繁殖得比健康人更快，且他们几乎一直在遗传他们的缺陷。如果你不干预这些人，如果你不教导或强迫他们绝育，你将随着人类的发展而日益精神错乱。试想，让一名妇女进入一个残疾人或傻子的世界将遭遇的种种噩运。此外，考虑到最低等的1/8的人口生育了下一代的一半人口。更优秀的人，更有活力也更健康的人正在拒绝生育孩子，年复一年，这种情形愈发严峻。城市生活和工厂生活使得这种情形更加恶化，来自乡村的年轻人一头扎进城市的洪流中，然后扎进其中的女性旋涡中。他们身体孱弱，与打扮时髦的残疾人结婚，并生下在活力和能力上比他们自己更低劣的孩子。假设这种情形再延续一百年，西欧和美国将面临被生机勃勃的富于创造力的东方民族轻松征服的危险。这是你不得不思考的问题，这个问题比缓解穷人的贫困更重大，这关乎我们文明的存亡。你们的社会主义会有所帮助，但它只是一个开端，它只是引入选择的社会化，这就是优生学。我们将阻止那些有可遗传的缺陷或疾病的人生育，在允许结婚之前，我们将要求人们提供健康和干净的血统证明。我们将鼓励那些有活力和强壮的男女交配，无论他们之间有无爱情。我们将用马雷特的名言教导人们少用眼睛结婚，多用头脑结婚。把这一切付诸实践，我们要花很长的时间。但我们将开始实施，时间站在我们这一边，我们的情形会逐年变好。在半个世纪之内，这个世界将变得更有教养，这要求我们发动一场优生革命。”

无政府主义

一个温和的无政府主义者回应道：

“你正确地谈到了革命，但你错误地忘记了种族中的个人。你的优生革命，将无力阻止工厂主通过国家来剥削工人。赋予人们正义，他们将迅速变得生机勃勃；赋予人们体面的生活——这也是对他们的工作的唯一公正的报酬，你将不再需要优生学。困扰你的不应是寄生的细菌，而是寄生的剥削者——这种社会寄生现象，才是真正堕落的危险。雇佣关系中旷日持久的不公正，正在撕裂西方国家，阶级忠诚很快就会压倒社会忠诚，这个时代就会到来——当无法用自愿互助的方法来平息这场内战时，这些国家就会消失。

“然而，如果组成社区是为了给人们带来正义，他们将乐于忠诚于社区。假如剥削停止了，人们之间就会出现兄弟纽带，这将使社区永存。你需要做的，就是让人们自由合作。他们渴望合作，所有进化都表明了这种合作能力的增长。正因如此，人类才能超越野蛮。无论是法律还是国家，都是多余的，只有在不公平的社会中，高压政府才有存在的必要。国家一直都是剥削的工具，法律只是统治阶层的有组织的暴力。产业主们用精心设计的诡计摆脱良知的折磨——唯有他们的法规书，可能会给他们带来些许的疑虑。请注意，借助法规书带来的令人愉悦的权宜之计，杀戮就被糊弄得如此完美地合乎基督教，甚至对于屠杀者亦然。他们杀人并称这为法律，这样他们就心安理得了。

“于是，我们被告知在劳资争议中永远不得使用暴力。但显而易见的是，暴力恰恰被用来反对劳工，反对自由精神。作为历史事实，反抗并不是源于使用暴力来对抗权威，而是源于权威使用暴力进行压迫。我们觉得，完全有理由对一个以胁迫为基础的制度使用任何攻击手段。我们面临的整个问题，不是道德问题，而是权宜之计。我们讲道德的时间太长了。”

个人主义

“准确地说，”这位施蒂纳派无政府主义者说，“这完全是个力量问题，无关正义。我们这些被剥削者或许把公正诚实当作正义，但永远掀不起什么波浪，除非我们能赋予自身的正义以些许力量。我们每个人都有权做他力所能及的事情。‘些许的力量，强于满腔的正义’。一个野心勃勃又有手段的人总是能够成功的，正如拿破仑对欧洲大陆和法国对阿尔及利亚所做的一样。因此，唯一的要点在于，可敬的下层阶层应该最终学会如何获得自己想要的东西。”

又是个人主义

最后发言的，是魔性辩护人现状先生：

“我真诚地赞成您，施蒂纳派无政府主义者先生。如今，是时候让你们这些孩子明白了，一切都是权力问题。让适者生存，让所有人都使用我们发现的权宜之计。现在，我坦白告诉你，但如果明天我给我的雇员中的那些骗子开了工资支票，你也不必惊讶。为什么我们应当说出真相并屈服呢？你一定会明白，不是所有的知识都对所有的人有益。例如，如果传播有关节育的信息使你感到满意，那么反对你则使我们感到满意，而为了将来失业大军的利益，你就不会感到受伤，否则我们伟大的工业计划就会受到严重的阻碍。

“而且，我赞同你们这些无政府主义者，国家常常令人厌恶。我们偶尔会利用政府。但当国家开始告诉我应当如何打理自己的生意时，我似乎觉得你们对国家的批判是非常正确的，也是有用的。我是个人主义者——这是一种好的老式的美国个人主义，像杰斐逊和爱默生一样。国家对工业的管理能力不及我们的一半。你们知道——而社会主义者不知道，国家所有制只是一种政客所有制，是洁癖症患者的所有制。而且，我可以告诉你，以我对这些人的深入了解，除了高效的行政工作之外，他们会拜倒在金钱的脚下。

“你们想让工人来接管工业，这是个好方案——为了千禧年的来临。你们想让工人给你们什么指点呢？他们之所以来工厂，是因为我们给了他们不菲的报酬。假如你们的工团主义商店也能提供同样可观的报酬，他们将成为新贵的奠基者。如果你认为这些聪明人会为‘荣誉’而工作，那你就是在做白日梦。破坏财产私有制，你将得到一个游民和印度教徒充斥的国家。

“至于剥削，你们有什么可供剥削的呢？我们是强者，而你们是弱者。我们应当利用你们，这是自然法则，正如一个种群应当把另一个更弱的种群当作自己的猎物一样。弱者将一直受苦受难，无论有无法律。即便所有人的肚子都被填饱了，大众还是会妒忌上等人的智力，而且他们将深受智力水平之害，正如他们现在在生理上承受的痛苦一样。弱者的出路就是获得智力和能力，否则就是‘原地踏步’。

“我的忠告，就是让事物顺其自然。你能改变这场生存与权力斗争的表面条件，但其基本事实不会变化。君主制、贵族制和民主制都是换汤不换药。最强者将实施统治，无论是通过军队还是通过媒体，无论上帝站在多数群体一边，还是站在最大种类一边，都毫无差别。我们早已收买了多数群体，我们早已收买了最大种类。来，让我们谈谈生意吧。”

解构

我们有对社会的各种主义的反证，我们看到有此起彼伏的社会反叛。从心怀不满到社会主义，从社会主义到无政府主义，从无政府主义到施蒂纳主义，从施蒂纳主义和自我崇拜到尼采和剥削权，许多人坐上了思想的旋转木马，最终疲惫不堪地回到现实世界的土地之上。我们突入了社会冲突的汪洋大海，而手头没有航海图、罗盘或船舵。虽然迎来了强风，但我们从未为我们的欲望建造码头。我们需要地图、仪器和知识，困惑当前，我们需要定义我们的目标。我们将不得不更清醒地审视我们的先入之见和隐匿的前提，以使滋长在我们隐秘非法思想中的愿望照见光明。我们必须问自己一些问题，这些问题将深入哲学最娇嫩的根源。

你是一名女权主义者，很好。你有没有考虑过进步的女性主义所暗示的那种“家”真正解体的社会学后果？当然，这种解体是从工业革命开始的。你想让这种解体更快地进行吗？你想让女人变得更像男人吗？你认为“未来的女人”会想要孩子吗？目前，出生率的大幅下降肯定会提高社会的舒适性，这将使欧洲和美国的民族被东方种族同化吗？你认为女权主义的情形与民主的情形同样简单，但是，民主的情形简单吗？民主能行吗？民主会实现我们的愿景吗？或者，民主是否是一种随波逐流的集体决定——一种放大的自由放任主义？谈到“权利”和“正义”，你如何回应尼采的论点呢？尼采认为，组织程度较高的物种、性别或阶层，本质上必须利用、指挥和剥削组织程度较低的物种、性别或阶层。

你是社会主义者，你渴望友谊和平等的乌托邦，但是，为了人人平等，你会被迫用许多法律和无所不在的力量束缚强者的力量吗？你会为了大众的平庸而牺牲精英的卓越吗？为了控制剥削者，你是否会被迫控制所有的人，事无巨细都要插手？你们的社会主义，真的会带来斯宾塞、切斯特顿和贝洛所惧怕的奴隶制和奴役状态吗？政府进一步中央集权是否可取？你有没有充分考虑过这个困扰已久的难题：在一个想将私有财产限制在最低限度并禁止继承的社会中，如何激发社会活力？你有没有通过限制来自欧洲和天堂的移民保护你们的合作联邦的安排？你是否为了对抗人性中的分离倾向，而在总体上夸大群体的力量？你认为法律的改变能使弱者逃避强者的剥削吗？法律不都是强者制定的吗？凡是有人掌权的地方，不都是强者在掌权吗？任何一个不代表社会上最强大力量的政府，能立得住脚吗？如果最强大的力量是有组织的劳动力，你确定有组织的劳动力不会剥削和施暴吗？组织和技术较好的工人，是否会对不熟练和组织不完善的工人“公正”？你所说的“正义”是什么意思？

至于这位优生学倡导者，当然没有必要揭示他所提方案的准备不足。例如，如果有这样的“个人”，应该培育什么样特性的“个人”？追求某种特定结果的限定培植，是否会妨害适应可塑性？我们的遗传学知识，是否支持强制绝育？严重的疾病，是否通常与天才没有关联？富人和穷人天生的精神禀赋，是否存在易见的差别？而且，“上层阶层相对不育”，是否真的会导致种族的退化？进步是否依赖于种族的变革，如同它依赖于社会制度和传统的改变那样？诸如此类的问题。

这位无政府主义者，如果只是看到他的期待和美丽的梦想，我们会喜欢他，但面对诘难时，这位无政府主义者会异常痛苦。如果明天中止所有的法律以及对公民的所有高压统治，新的法律要多久才能出台？是否会像前面所说的，强者不再是强者，弱者不再是弱者？人们会愿意放弃私有财产吗？对私有财产的信任和怀疑，与其说是由逻辑和“正义”决定的，不如说是由个人在取得私有财产方面的成功或失败决定的。难道只有弱者和不受控制的人才会主张限制的绝对缺乏吗？难道大多数人都非常想要自由，以至他们会容忍混乱和最偏执的个人主义吗？难道自由是一件消极的事情吗？对某些人来说，人们想要的是成就，对另一些人来说，他们想要的是和平吗？对这些人，他们会赋予别人同等的自由吗？如果很多人害怕自由，对约束和戒律一点儿也不像无政府主义者那样敏感，那该怎么办？也许，只有孩子和天才能真正成为无政府主义者。也许，自由本身就是一个问题，而不是一个解决方案。通过法律和习俗，我们社会行为中的某些要素被机械化，例如通过习惯和本能使个人行为中某些要素被机械化，这是否为更高的权力和职能带来了更大的自由？再者，为了让所有的人自由，就必须人人平等，但发展是否会导致差异和不平等呢？试想，300 年前的美洲，一个由富有冒险精神的开拓者构成的民族，他们中几乎没有人的境况比其他任何人更好——他们属于同一个阶层，都处在同一水平之上。看看，几代人的时间就产生了怎样的不平等和社会等级制度！解放和秩序、自由和控制之间，是否存在必然的对立？或者说，秩序和控制是自由的先决条件吗？法律难道没有为许多崇高的目的服务吗？难道它不能更好地发挥作用吗？只要有愚笨和贪婪者存在，国家就是必要的吗？

至于你们所倡导的革命，谁是它的受益者呢？是受苦受难的人，还是有思想的人？对穷人而言，革命是否只是推翻一个统治者或剥削者集团，以便由另一个集团来接管？大多数革命，是否像巴别塔一样，终结于语言的混乱？而第一次革命爆发之后，由于对所有统治者的绝望，工人们是不是又轻而易举和麻木不仁地重新适应了他们新的奴隶身份，直到被他们的主人之间的另一场争斗唤醒？

我们几乎能无休无止地抛出类似的问题，直到所有“主义”都在诘问之下崩塌。很显然，这些“主义”都是发育停滞的“半真理”，都遭受了错误信息的欺骗。这让人们想起一个实验。在实验中，一位心理学家给了一只猴子一个连环圈，而在另一个房间里，一位大学教授也得到一个类似的连环圈。猴子的反应莽撞而随意，它立即手脚并用地折腾这个连环圈，直到最后，这个连环圈跌落到地上意外地解开了；而教授则安静地坐在这个连环圈面前，一动不动，在脑子里不断地设想着各种可能的解决方案。40 分钟之后，教授终于伸出手来，一下就解开了连环圈。我们的各种“主义”，都是对社会问题的猴子式的反应。我们急于求成，我们走向极端，我们摇摆于对立面之间，我们是盲人骑瞎马。我们中的一些人是理想主义者，只看到美好的欲望；我们中的一些人是现实主义者，只看到枯燥乏味的事实；我们中几乎没有人能正视事实并看穿它的本来面目。我们“编造半真理”长达 10 年之久，然后重新陷入无意义的顺从状态。

研究社会问题的学生认识到，正如哲学家早已认识到的那样，智慧的开始就是对无知的忏悔。我们现在知道，我们需要的不是良好的意图，而是明智的信息。因为缺乏这种智慧，我们鲁莽地犯下了徒劳无益的错误。所有问题都是教育问题，在民主国家更是如此。这不是因为教育能改变人的本性，而是因为明智的合作能控制决定人的本性善恶的冲动。冲动不是智慧的敌人，它是智慧的原材料。我们渴望知识，特别是关于我们自身的知识，以便我们能够知道什么外部条件会引发破坏性的反应，什么条件会引发建设性的反应。例如，我们不期望智慧消灭好斗，但我们期望消除使这种冲动变成大规模自杀的环境条件。人们应该战斗，愿意战斗是他们价值的本质。智慧问题，就是讨论和创造将好斗转化为对社会有益的目的的手段。性格本身无所谓善恶，但性格所提供的冲动的本性，则使人或善或恶。因此，我们所称的道德改革，就是等待信息的传递，并由此重塑决定我们最初性格走向的因素。我们只有变得更加智慧，才能变得“更好”。正如精神分析可以在某种程度上重建个人生活一样，社会分析也可以重建社会生活，并将原本无害但往往具有破坏性的力量转化为生产性渠道。

因此，我们的问题，再一次呼应了我们的中心主题，那就是促进智力的增长和传播。随着问题的界定，我们更接近我们的主题了——我们的社会问题必须通过哲学来处理，而哲学又必须通过我们的社会问题来解构。

第七章

哲学的作用

如今，许多人一提到哲学就无精打采，他们宁愿以这个词的出现为借口，中止继续讨论。在当今繁忙的日子里，没有人敢谈论哲学，除非先致以歉意。哲学家自己也已经察觉到，他们的思考与实际事务相去甚远，以至在大多数场合，他们已经不再试图把自己的工作与生活中的具体问题联系起来。在那些实干者看来，哲学不过是先验辩证法迷雾中的一次空中旅行，或是超自然宗教无效的道德化替代品。哲学曾经是所有思想和探索的主人，如今，哲学已沦落到无人尊重的境地。

除了承认这一指控，别无他法。这是事实，也是中肯的说法。只有带着同样亲密感的哲学爱好者才知道，哲学已经从她古老的神坛重重地跌落。回顾希腊，我们发现哲学是对智慧的真正追求，是对生活方式的讨论，是为自我批评而做出的非常认真的努力，是对个人和社会福祉及其手段的了解，是为社会制度实现其伦理目的而自觉地指明的方向。当时的哲学和生活是相互关联的，如同当今的力学跟高效的建设密不可分一样。即使在中世纪，哲学也意味着协调的生活和综合的行为。即便经院学者被讽刺为“蜘蛛结网”，他们的思想也比大多数现代哲学家更贴近生活。

哲学从她早先的重要性和生命力中跌落，是现代思想家过于强调认识论的结果。在很大程度上，这是笛卡儿在努力调和他对机制的信仰和他安抚耶稣会士的愿望时遇到的困难。在培根、霍布斯和斯宾诺莎明朗的机械主义哲学中，主客体关系、知识的有效性、认识论的现实主义和唯心主义等问题所扮演的角色是微不足道的。（这不是为机械主义或唯物主义辩护，而是为了呼唤更好的哲学远景。）这些人（扣除培根对神学的微妙敬拜）知道自己想要什么，并说出了自己的意思。他们自然而然地假定，思想的有效性是由行动而不是理论决定的。他们想当然地认为哲学的终极目的不是分析，而是综合；不是对经验的理性分类，而是对生活的理智重建。事实上，当一个人在现代投机的曲折、近乎隐蔽的过程中追踪这一线索时，他会发现似乎认识论发展的相当一部分，是由作为痛苦转型的受害者的震撼、妥协和默默无闻构成的。文明正在从一种智力基础转移到另一种智力基础上。在这些奇怪的认识论拥护者中，宏大的过程令人不安地发展到一种半意识状态。他们是装满新酒的旧瓶子，而悲剧在于他们对此心知肚明。当新世界正危险地闯入他们的视野时，他们仍然忠于旧世界。他们从旧的说辞中找到一种可怜的慰藉，那是死亡哲学的旧工具。在重新调整的痛苦中，他们也不可避免地在某种程度上自欺欺人。

这就是他们为何如此令人难以理解。甚至像桑塔亚那这样有洞察力的思想家也觉得难以理解，并怒气冲冲地放弃了他们。最令人困惑的莫过于自欺欺人：让一个人诚实地面对自己，他可能会有相当的理解力和成就；但让他自欺欺人，他可能会写出一千条评论，永远也不会被人理解。确实，他们当中有些人并不想被人理解，他们只想被人信任。例如，当发现无人理解自己时，黑格尔一点儿也不吃惊；而有人能理解他时，他反而陷入悲哀中。晦涩难解，能掩饰累累罪行。

自欺欺人之外，还有骇人听闻的历史主义（欧肯称之为历史主义），即为了自身利益而对过去奇怪的、死板的兴趣，对理论经典的文本和理论细节的细致入微的钻研——对哲学的指控进一步加深了，它被斥为富有的有闲阶层的无用玩物，并因而得到有闲阶层的进一步重视。我们似乎不能理解，过去在多大程度上已经消亡，又在多大程度上仍然是对想象力的拖累——敢于设想一个不同于过去、更美好的未来。哲学太执迷于钻研各种陈旧过时的体系的细枝末节，而在对于过去融入现在和奇迹般的未来的研究中，其创造性又是如此稀缺。大多数人都有对未来置之不理的不屈不挠的习惯，他们喜欢过去，因为未来就是一场冒险。当今的大多数哲学家亦如此，他们喜欢写关于康德的分析，关于贝克莱的评论，关于柏拉图神话的讨论。他们仍然是死记硬背的学生，并未成为思考者。他们不知道，哲学的工作既在街头，也在图书馆。他们没有认清也未能理解，哲学的终极问题不是主客体的关系，而是人类的苦难。因此，哲学家，尤其是当今的大部分哲学家，理所应当被斥为生活在如此繁忙的世界中凑热闹的闲人。

在柏拉图时代，哲学是至关重要的，它是如此有影响力，以至有些哲学家被放逐，另一些哲学家被处死。今天的人，不会再想着去处死哲学家。这不是因为人们对杀戮比较敏感，而是因为没有必要杀死那些活死人。

作为控制手段的哲学

毕竟，这不是一个茶余饭后的话题，而是一个需要解决的问题。为此，我们又回到富丽堂皇的图书馆。我们坐在这里，经济上有保障，衣食无忧，可分身学习、报告、帮助、陈述和解决问题；在我们之下，数以百万计的人把我们高高举起，以便我们可以为他们窥探他们看不到的东西；千百人牺牲，以便我们可以找到使其他人自由的真相。那我们做了些什么？我们创造了些词语，如“存在即被感知”“先验综合判断”“万事皆空”；我们用康德的鸿篇巨制填充哲学世界；我们花了两百年研究认识论。无疑，唯一需要我们去做的体面事情是：哲学或者对社会极为有用，或者根本无用。如果哲学无用，我们将抛弃它；如果哲学有用，我们必须寻求并揭示其重要功用。我们一直有幸学习、思考、旅行和了解世界。现在，我们站在世界面前，仿佛什么都没有做，仿佛什么都不能做，仿佛什么都不应该做。我们是行家里手，被要求指点迷津。我们报告的却是没有什么是可看的，也没有地方是可去的，甚至我们完全没有意识到智慧的庄严责任。

现在，是我们把知识问题，甚至是知识的有效性问题交到科学手中的时候了。我们是怎样认识的，什么是知识的过程，什么是“真理”——这些都是事实问题，都是心理学问题，不是哲学问题。老子曰：“是以圣人方而不割，廉而不刿，直而不肆，光而不耀。”[1] 就像

① 由于本人水平有限，未能考究出杜兰特所引的老子著述究竟是何种译本，因而也无从获知译本中的相关原文。此处的译文，并不符合杜兰特的原文，但符合此处的语境。——译者注

浮士德一样，当他被太阳蒙蔽双眼时，他把脸转向了地球。所以，我们将不得不忘记我们的认识论天堂，记住地球母亲；我们将不得不放弃令我们沉醉的德国谜题，在社会目标这类问题中扮演鲜活的角色。哲学家必须再次学会生活。

哲学被要求走向生活，这个新方向毕竟只是实用主义的一种发展，行动是思想的验证标准和意义——威廉·詹姆士在个体化方面得心应手。如果哲学有意义，必将是生命意识到自身的目的和可能性之时，它就必须是为了生活而交叉审视生活的生命，它就必须是对社会运动方向的独特远见，如同有意识进化中的智慧重建一样。人类发现自己置身于变化之流，他研究这种流变的运作规则，通过研究，他变得清醒了。清醒后，他开始控制，在控制中，他开始直面所有的问题。

这是为了什么？他想去哪里？他想成为什么？于是，人在综合实验中把他的整个经验放在面前。然后，他探索意义，寻找价值，努力观察和确定他的过程和目标；然后，他成了哲学家。把这些目标问题和过程问题看作社会提出的问题，哲学的社会功能就显现出来。科学启发手段，哲学启发目的。科学提供信息，哲学必须亲力亲为。哲学家是改造自己的人，哲学的社会功能就是改造社会。

在20世纪的勇敢发现中，我们是否已经感受到了最大的热情——目的不是存在于事物中，而是存在于我们身上？虽然言简意赅，但这是独立的宣言，它解放了被束缚的思想，并敢于进行一切创造性的努力！人类终于长大了！既然我们已经赢得这项自由，我们该怎么办？这就是自由产生的问题，它常常是科学怪人。因为，除非自由为生命而创造，否则自由就会消亡。一旦懒惰和懦弱，在一个超越我们无所不能的目标的外在世界之中，我们就只能徒劳地哀号。现在，我们可以相信神性就在我们自身，相信目的和指导是通过我们来实现的，我们再也不能回避重建的问题了。人定胜天，改造自然。一旦我们相信了不变的环境——那个继承了绝对主义的新食人魔（后来成为一个自由放任的时代），我们就会认为智慧在于满足它的所有要求。现在，我们知道环境是可以改造的，我们面临一个问题，我们该如何改造自身？

这显然是哲学中的一个问题，是一个价值问题。如果要改造世界，就必须以哲学为指导。

作为科学与政治中介的哲学

但有人会问：为什么是哲学？为什么科学不行？哲学梦想之时，她哺育的科学一个接一个地从她身边溜走，潜入事实和成就的世界之中。为什么不要求科学引导我们进入一个更美好的世界？

因为科学正在日益碎片化，不同学科间越来越缺乏协调，也日益丧失整体性。我们的工业体系强化了劳动分工，就像手工行业一样，几乎到了愚蠢的地步：让一个人寻求对某件事的一切了解，但他很快就会对其他事情一无所知，效率会吞噬这个人。由于科学的碎片化，伟大的动物学家会用幼稚的爱国主义谈论战争，而杰出的电气专家则在传感纸上描绘他们去极乐世界的耸人听闻的细节。我们生活在一个思想破碎、协调衰落的世界，我们陷入仇恨和毁灭的混乱之中，因为综合思维并不流行。

以垄断问题为例。我们向科学征询应该怎么做，而在倾听了经济学家、历史学家、律师和心理学家的意见后，我们的情况几乎一点儿也没好转！因为这些人全都对其他人的发现一无所知。我们必须想方设法使这些人互相认识，才能使他们真正地为重大的社会目的所用，我们必须把他们的头脑融会贯通。我们需要更多的部件和协调器，更少的分析器和累加器。专业化正在使哲学家成为头等重要的社会必需品。

这并不意味着我们必须把国家交到认识论的手中。一点儿也不。那种必须被培养出来的哲学家，将是非常接近生活的人，他不会花太多时间分析问题。他能察觉到行动的召唤，并会自动地拒绝所有不指向行动的知识。他的基本特征是：他将为那些与物质重建有关的科学发现，而不是与人类本性的秘密有关的发现而驻足。他将了解生物学和心理学、社会学和历史学、经济学和政治学的基本知识，在他身上，这些长期分离的科学将再次相遇，并彼此交汇，相互滋养。他将忙于与孟德尔和弗洛伊德、萨姆纳和维布伦齐头并进，并将愤慨地无视绝对主义。他将研究他所处时代的需求和迫切需求，他将思考人们创造的乌托邦，他将从中看到政治理论的暗示性伪典，并将从中了解人们的终极渴望。他将清醒地看待现实，找到立竿见影的着力点。有了这一着力点，他就能协调自己的思想，把科学聚焦于这一目标。因此，科学不再仅仅是创造性和教育性的，而是预防性和建设性的。如此强大和贯通的他，将传扬他的福音，不是对学生讲神，而是对政治家讲人。

因为我们再一次（一次又一次）来到柏拉图面前：除非智慧和实践能力、哲学和政治才能更紧密地结合在一起，否则人类的苦难是不会减轻的。想一想科学家的学识和政客的无知，你会看到所有这些焦躁自大的人，以每年约一万条的速度制定法律。在世界各地的实验室里，你会看到那些安安静静、默默无闻、酬劳微薄的探索者。除非能通过协调和指导把这两个群体结合在一起，否则社会将永远停滞不前，不管它如何移动。哲学必须站稳脚跟，它必须成为科学的社会先导。说来奇怪，哲学必须成为应用科学。

今天，社会科学之于我们，正如自然科学之于培根一样：我们首先寻求一种解释原因的方法，然后根据这一知识，寻求一种改变环境和人的方法。“我们生活在政治科学的石器时代，”莱斯特·沃德说，“在政治上，我们仍然是野蛮人。”我们的政治运动是在冲动中构思的，是在情感中发展起来的。它们以分化和分裂告终，因为它们背后没有思想。谁将为这些本能提供思考，为这种能量指明方向，并照亮这种虚掷的热情？我们的年轻人只会空谈理想，而我们的政治家只会谈论事实。那么，谁来把一方的语言解释给另一方听？如果不是既创造哲学又来自哲学创造的整体感，那么政治家还需要什么？我们说，正如没有政治家才能的哲学就是认识论，没有哲学的政治就是美国政治。哲学家的作用，就是倾听今天的科学，然后思考明天的政治。哲学应该活在当下。“选择使人类适应了昨天而非今天的境遇”，有意识进化的有组织的远见，将使人类适应明天的情势。一盎司的远见，抵得上一吨的道德。

第八章

组织智力资源

智慧是有组织的经验，而智慧本身需要被组织起来。想一想世界上那些未被利用的智力资源，未被开发的潜在才智，开发了却被搁置的才智，以及被浪费在纯粹的个人追求之上而未被用于更大目标合作之上的才智。

想一想，当一小撮政客统治世界时，哲学家却在流放中焦灼；想想蒙田、霍布斯、休谟、卡莱尔以及成千上万类似的人物，他们的天赋在孤寂中成长，或在饥饿中死亡；想想众多受过高等教育的年轻人，在无人问津的情况下，跌落到为实现狭隘的目标与利润的深渊之中；想想世界上各个领域的专业人才，仅在学院教授极少数的人。近10年来，大学毕业生、大学教师和大学研究人员的思想在美国产生了迅速增长的影响，因为这是由启蒙产生的影响，所以它根本上是一种向善的影响。当威尔逊总统应当时有识之士的要求宣布8小时工作日制度时，这种影响就显现出来。只是这种影响力的来源深刻，仅刚刚被触及。我们必须找到一种方法，使知情者发表的意见更清晰、更有力。尼采曾经指出："最有价值的知识，是由方法构成的。"而最有价值的方法，就是组织方法，无论是组织数据还是组织人们。组织才是关键。经济力量是有组织的，智慧力量理应是有组织的。如果它确实是社会问题的核心和实质呢？

现在，如果想让一个提议成立这种组织的人感到谦逊，最简单的办法就是问他一个有点儿恼人的小问题：怎么成立？回答这个问题，就相当回答了几乎所有问题。这是一个"建造歌剧院大殿"式的问题，无所不包，无所不至。为我们所谋之事，我们应严肃对待弗朗西斯·培根。当然，组织智慧的困难，在于如何知道谁是聪明的，以及如何让足够多的人同意你的看法。如果每个人的自我评价都被接受，那我们的组织就会变得相当庞大。有没有一些人被广泛认为是聪明的，并可以成为组织的核心？有些人得到这种认可，更奇怪的是，其中有一两个人碰巧担任了政治职务。但是，这些都是零散的个体，有没有任何群体的平均智力得到了社会大部分人的高度评价？当然有。医生这个群体就被大家普遍认可，以至他们对于"doctor"这个被广泛使用的称谓，已经拥有了垄断的使用权。大学教授也是被高度认可的群体。在此，我们就把医生和大学教授视为被普遍认可的高智商人群的核心力量。

当然，会有反对意见。有人认为很多医生都是庸医，还有人认为教授虽然可以被当作聪明人，但仅在某些不切实际的方面体现出来。或许，我们可以找出某种办法清除那些庸医，但教授却是个棘手的问题。确实，教授崇尚智性主义，有学术化倾向，过分痴迷于理论并受到职业病的困扰。的确，那些对“教授”这个词感到敬畏的人，会把教授描绘成一个瘦瘦的、肩膀圆圆的、戴着眼镜的傻瓜。他们在城市街道上也会迷路，他们是如此沉浸在星空之中，以致早晚会跌入水井。但是，如果这种超然的、教授般的冷静品质是照亮我们的社会问题所需要的品质之一，那么该怎么办？也许，我们在这些问题上混入了太多的感情，我们需要一个受过训练的人用他的“头脑”而不是他的“心”来做出更理性的判断。也许对我们来说，世界上最有用的人就是这位极其冷静、冷漠地审视着我们的教授。我们需要不偏不倚、头脑清醒的人，在他自己的领域，无论说什么，教授都比其他任何人更清晰、更公正。让教授留下吧。

所以，我们就有了医生和教授。假定所有的医生和教授都在公共机构教书或实践了三年，或者都是享有盛誉的学术机构的毕业生。现在，让我们开始梦想吧！

智力机构

这些人通过会议和通信，把自己组织成一个“社会研究协会”（以下简称“协会”）。他们立刻就去寻找一个“有灵感的百万富翁”来给他们的活动提供大约半年的资助。他们不遗余力地在媒体上为自己做广告，并表明他们的意图是聚集全国最聪明的人来研究社会问题的事实与可能性。那么难点在于，他们面临的任务是通过或多或少客观的方法来决定谁是或不是聪明人。他们自问，一个人需要具备哪些知识，才有能力解决社会问题？经过长时间的讨论，他们得出这样的结论：这样的人应该受过良好的训练并熟悉其他学科的一般发现，如我们称为社会学科的生物学、心理学、社会学、历史学、经济学、法学、政治学、哲学，或许还有其他学科。他们制定了一套冗长多样的测试方法来寻找相关领域中的合适人选。在对各色人等发出广告和邀请之后，他们安排全国每所大学对这些人进行测试，并承担在测试中产生的相关费用。通过这种方法，那些在私下里做研究、没有学术学位的人也有机会加入这个协会。

人们认识到，这种测验的危险在于它对书呆子而不是实践者的重视，在于它对通过在课堂或学习中获得知识的人的重视，而不重视通过面对生活而获得知识的人。有些哲学家从来没听说过康德，有些相信弗洛伊德学说的心理学家几十年来从未读过一本书。通过这样一种测试招募起来的协会，将会缺少艺术家和诗人，只会堆砌干瘪乏味的事实，最终将一无所获。尽管这种选拔某人是否适合某项工作的测试方式是比较粗糙的，但仍然必须使用这种方法。如果不用这种方法，而由个人喜好来选择，就只能在开始时选出几个，而个人偏见和认识局限将会成为该协会的章程和条例。又或许会有某种方法可以启用艺术家、诗人及那些从来没读过书的天才。

好了，测试已经做完了。通过测试的医生和教授们已经成为协会最初的核心力量，没通过的就被淘汰了。还有一些其他领域的人也参加了测试，也进入了协会。这样就组织起了一个大约 5 000 人的团体，它又由于地理位置的影响而分成若干地方性组织。现在，一位富翁被他们的诚挚感动，愿意资助该协会以检验它的实用性。那么，协会该做些什么？

协会将寻找信息，而不是计划，这是改革的卓有成效的开端。塞缪尔·巴特勒说过："人们总是乐于研究生活中微不足道的事情。"社会研究协会已经做好准备，下定决心去调查与社会问题密切相关的任何事情。它已准备好撸起袖子工作，并不惜树敌。它指定一些委员会收集和整理各个领域的研究成果：例如生物学家所能说出的关于人类起源和人的内在冲动的一切；心理学各个分支对人类行为的解释；社会学关于人类社会和机构的兴衰是如何和为何发生的知识；所有医学能够阐明的社会疾病和健康问题。它指派各委员会以下列方式对所有科学进行审查：社会目的，并从此处或彼处找出事实；研究实际和提议的政府形式、行政和选举方法的委员会；调查婚姻、优生优育、卖淫、贫穷和社会问题的 1 000 个其他方面和项目的委员会；以社会服务为目标，指定一些委员会穷尽所有科学领域，到处寻找事实与真相；一些委员会负责研究政府、行政和选举的实际和理想方式；一些委员会负责召集和倾听每个有社会责任感的公民的言论；一些委员会负责检查和分析各种社会实验、利润分享计划和奥奈达团契[①]；甚至，还有一个关于乌托邦的委员会，怀有抱负、理想和想要建立完美城邦的人可以自由地传播福音。总之，这个协会成为这个社区有组织的耳目，它急切地想要找出能够启发人类意志的所有生活与事业的真相。

找到真相之后，协会就把它公之于众。协会的运作，表现出认真、诚挚和专业的能力。最终，协会因为通过媒体报道了很多预告、摘要和评论而享有盛誉。此外，它买下一些国内发行量庞大的期刊和

① 一个社区，社区里推行共享财产制度。——编者注

日报每月第一天一半的版面，用来刊登它简明扼要的调查结果。它给所有的事实报道提供了详细的参考文献，它给那些怀疑和否认这些事实的人提供核实证明。它每个月的报道中，都包括一份对本年度某社会学科所取得成绩的可信记录，以至它每年的12份报告完整地记录了当年具有重大社会意义的科学发现。它规定自己只报道可证实的信息，并挑战人为的可以避免的片面报道。它尽量使它的报道不过于学术化和专业化，以便让一般民众都能看懂。这才是重点之所在。

信息妙药

没有这种获取和传播信息的手段，根本就没有取得社会进步的希望。我们是否已经同意，为了使人更快乐，更有能力，我们必须把他们对社会有害的冲动转化为有益的渠道。只有通过研究这些冲动并控制激发它们的刺激，我们才能做到这一点；只有通过研究环境的各种因素和改变它们的方法，我们才能控制这些刺激。简而言之，我们只能通过研究环境的各种因素和改变这些因素的方法来控制这些刺激。冲动的方向在于知识的必要性，在于信息传播给所有愿意接受它的人的必要性。专制可以在不传播启蒙的情况下改善世界，但民主不能。这是一种无知的行为。

毕竟，这是一项贵族政治民主化的举措，是译介到美国的柏拉图学说。它动用了最有智慧的一批人并赋予他们话语权，让每一项改变都得到社会成员的一致赞成。它赋予智慧贵族阶层影响力和主动权，而这些都是粗糙的民主制所阻挠的。通过规劝而不是强制的手段施加这种影响力，它避免了与权力相随的腐败。它抵消了富人通过新闻和社论来传播党派观点的权力，最终依靠事实打败了更加强大的偏见。它坚信谎言必将破灭。

普通大众愿意阅读这些报道吗？首先，让我们考虑一下与教授头衔相联系的名誉问题。如果一个人写了些最不上台面的无稽之谈，却署名为一个有声誉的研究机构的成员，他就不愁找不到读者。或许，关于读者已无须赘言了。在最近的工业和政治出版物中，就有几份教授的声明显得格外有分量。另有几位谦逊的供稿者，他们认为哲学这样的东西是无害的，但在黑暗中滋长起来的所有利益集团都害怕他们发声。这个国家最聪明的人的综合声誉，会不会变得无足轻重？一篇由该协会发表的报道，意味着一个由聪明人组成的大团体指定了3个、5个或10个成员来调查某事件或争论的原委。这几个被指定的人如果匆忙草率或不诚实地报道，他们的做法就会损害整个协会其他成员的声誉。他们小心行事，最终会发现诚实是个很好的策略，就像我们有些人爱假装诚实一样。随着每篇后续的报道都被严格把关，协会的声誉逐渐得到提升，直至它成为世界上最强大的智慧力量。

当一个人反思在总统竞选中某个城市的报纸上刊登了多少版面的虚假陈述，然后想象仅仅陈述双方的事实、候选人和政党的记录、他们公认的关系——朋友和敌人、他们所表达的原则和程序等会产生什么影响时，他就已经意识到信息的重要性了。除根深蒂固的原始本质差异之外，没有什么是比开悟的传播更重要的了，也没有什么比有组织的努力能使自己变得更好的了。优生学之所以脆弱，是因为它没有经过深思熟虑的计划；各种主义的兴衰，是因为人们毫不知情。那谁能提高人们的本色？撇开这一点不谈，最有希望的计划就是传播事实。

这样一个研究协会，将会成为一种社会意识，或“民族心灵”。它将第一次使社会规划成为可能，它将使历史具有意识，它将展望未来并警示世人，它将给人们指出并调查那些不被接受但又非常重要的事实，如威廉·拉姆齐爵士断言英国的煤矿将在175年后枯竭一样。它将以专业信息为支撑发出警告，而这很有可能避免社会浪费和个人贪欲的肆虐。莱斯特·沃德曾说，大自然是一个挥霍者，而人类则是节俭者。经济意味着预测，而社会经济意味着有组织的供应。协会的报道没有鼓噪、宣传和说教，只有清晰的阐释。协会的成员将成为“光明使者”，他们只提供信息，以便人们光明正大地做他们该做的事情。

诚然，如果可以澄清事实，人们就不会焦躁。但对不公正来说，陈述事实却是最糟糕的事情。布道和演讲暂时扰乱了人们的判断，但当人们反应过来时，他们的聒噪仍然在空中萦绕。事实胜于雄辩，时间会巩固前者，削弱后者。说出实话，时间将会令你更加雄辩。

假设我们的协会已经成立三周年了，假设在每月第一天它就通过媒体简明扼要地报道了它的调查结果、对社会有益的科学工作和当天的政治经济事务，假设这些报道大部分都是认真、准确和清晰的。很好，在三年时间里，全美会有一大群思想敏锐的人养成每月阅读这些报道的习惯。他们期盼阅读并重视这些报道，他们会把它们视为重大事件或重大决策。在任何有关国家政策的问题上，它的观点将影响成千上万思想更独立的人。我们来计算一下，在美国有多少人将会阅读这些报道。假设这些报道会在纽约的3份或4份日报上刊登，发行量为100万份，在全美其他日报的总发行量为500万份，在其他周刊和月刊的发行量另计。或许，有人会说，在这七八百万读者（大部分是男性）中，有5%的人会因为该协会日益增长的声望而阅读这些报道。有理由相信，这40万读者中的30万人会成为选举人，且是有能力影响同僚的人。这些人中的每个人，都会成为传播事实报道的媒介。说直接或间接受这些报道影响的美国选举人数将达到100万是不为过的。现在，我们设想这100万选举人对总统选举的影响。他们的存在将会是个挑战：候选人在做出承诺和批判的时候，会想到他们；政党在制定政策和设置平台的时候，会想到他们；由于惧怕这100万手握爆炸性事实的人，编辑们不敢哗众取宠或欺骗民众。这将意味着政治讨论和政治绩效方面的提升，这是民主从未产生过的局面。在这样的提升之下，民主要么被创造出来，要么自己灭亡。

社会重建中的性、艺术和游戏

截至目前，我们设想的这个协会只是在寻找和提供信息。它确实听从了一些宣传家和空想家的言论，并选取他们的部分证言予以刊登。这种做法不是想要煽动民众，而是要告知他们形形色色的人所持有的鱼龙混杂的观点。这只是一条信息，仅仅陈述事实，是非常必要的，也是极其有效的。但现在，这样一个团体除了要提供事实，还要履行其他职责，如表明个人态度和做出解释。只要我们的协会在陈述事实时不背离公众对它的信任，它就有可能履行这些职责。那这些职责是什么？

首先是刺激艺术品的生产，推广艺术鉴赏力。我们的协会是由一些相当古板的人组成的，他们并不特别适合在科学之外的领域发表意见。协会将邀请大约20位受到最普遍赞誉的英国和美国作家组成一个文学奖项的委员会，该委员会是社会研究协会的一个分支机构。试想，托马斯·哈代、乔治·萧伯纳、H.G.威尔斯、约翰·高尔斯华绥、鲁德亚德·吉卜林、约翰·梅斯菲尔德、乔治·莫尔、约瑟夫·康拉德、W.D.豪威尔斯、西奥多·德莱塞以及其他很多作家，他们每人每月都向全世界宣示他们对当代小说、戏剧、诗歌及英国文学的见解和评论，该是何等盛况。想象一下，这些文学大家联合刊发的简明扼要的评论，足以让任何一本书在英语文学领域立足。由此可以窥见名家荟萃所蕴藏的力量。想象一下，另一群法国文学界的精英对法国文学做简洁的介绍；另有来自其他国家和地区，如中国、德国、俄罗斯、意大利、西班牙，以及斯堪的纳维亚地区的作家，也做类似的事情。再想象一下，全世界每个月都有像林语堂、阿纳托尔·法朗士、罗曼·罗兰、格哈德·豪普特曼、安东·契诃夫和格奥尔格·勃兰兑斯这样的作家在介绍他们各自国家的当代文学。他们会把各自国家最优秀的书列成书单，那些求知若渴的青年男女，会仔细阅读这些百家争鸣的书并进行讨论，从中得到指导，最终列出他们自己的最佳作品书单。除了文学作品书单，协会的一个委员会每月还会对其他科学领域的一些好书进行推介。最终，让艺术家们，例如画家、雕塑家等发声。让他们告诉人们，在他们各自的领域当月有哪些杰作问世。这项计划所提供的指导，正是成千上万人所渴望的。有很多年轻人由于没有得到指引而在无望中苦苦追寻。在负责任的评论指引下，年轻人很轻松地就能找到优秀作品，但若没有这样的指引，他们很容易落入通俗小说和杂志的包围之中。成百上千的人，愿意力所能及地捐助这个可以为他们提供指引的机构。一门大学课程的作用，多半与此类似。教师可以推荐读物，评论书籍，并给每本书提供简介。或许，世界上最有价值的信息，就是可以引导人们搜寻信息的信息。这种指引，如果能传递给每个有需求的人，就会使我们免于陷入窒息整个民族生命的平庸之中。

为什么这种刺激只是针对消费者而不覆盖生产者？为什么不给那些受到同行好评的作家每六个月颁发一次奖项？为什么像《约翰·克利斯朵夫》或《卡拉马佐夫兄弟》这样的作品不能人手一册，而是只能零星地被传阅？为什么不给予这类成果丰厚的奖励？如果再加上个获奖证书，那么自然更好。“只言片语”的推介，很难激励作家写作，也很难引导读者阅读。那提供金钱奖励又有何不可呢？如果有钱人愿意为那些已故作家的原创作品花重金，为什么他们就不能把这些财富用来资助当今那些创造精神财富的贫困潦倒的作家？人们往往错误地认为，经济援助会削弱创造者的独立性。如果这种经济援助是以出资者的个人判断为基础的，那么它确实有可能会削弱创造者的独立性。如果这种经济援助是以全世界文人的判断为基础的，就不会削弱创造者的独立性。或许，查特顿和戴维森的稀缺，会导致文学史和艺术史的毁灭。

我们对当今最优秀作品的关注，是一个有深层次含义的问题，这也是浅层次的思维所不能理解的。如果“成功”这个词语不再有财富的含义，而是与艺术和科研上的杰出贡献联系在一起，那么将引发翻天覆地的改变。我们常说人们爱钱，这并不是说热爱金钱本身，或金钱带来的物质享受，而是热爱与高消费相匹配的成功声望。让一位艺术家得到更多的认可，就像某工业大亨享有盛誉一样。这样，在科学、文学和艺术领域的创造性劳动中，就会有极大的能量从经济盘剥中解放出来，促使人们盘剥同类的大部分动力也会消失殆尽。最丰厚的奖励机制，即社会尊重，将会激励人们为整个社会的共同力量和幸福做出贡献。

人们通常认为，艺术冲动是性能量的转移。一个有机体根本上不是食物获取者，而是一个再生机制。获取食物，只是再生过程中一个有益的事件。随着人类怀孕成功率的提高和青少年数量的增加，更多人类后代都能长大成人，生育大群子女、组建大量家庭已经不再成为必要。人类把越来越多的性能量转移到原来的次要需求之上，例如游戏和艺术。同时，战争逐渐减少（这也是造成人类繁殖激增的另一个因素）。以前，人类的情感领域一直被争夺配偶和食物的意识占领，如今日渐让位于比赛和艺术的竞争。用黑格尔的话说，游戏就是一个敌意与交流的混合物，它逐渐取代了战争的位置，而艺术创作也逐渐取代了繁衍。

如果说这一切不只是纸上谈兵，就意味着我们摆脱社会困境的一条“出路”就在于为创作、娱乐、艺术和游戏提供更有力的刺激。这是社会规划师工作的重要组成部分，即寻找某种方法滋养艺术冲动，并通过安排对其作品的奖励来促进它。我们将会明白，游戏对一个国家来说是多么重要的事情。对未来的美国而言，最好的迹象之一就是全民爱健身。如果试图将这些体育活动扩大到比以往更大的不同领域和国际范围，将会触及国家间竞争的根源。明智的政府，应该对人们的比赛和学校的比赛有着同样的兴趣，并不惜巨资把人们危险的好斗能量转化为竞争力。奥运会比赛项目，不应该只是在奥运会期间才有。那些从世界各地通过淘汰选拔出来的伟大运动员，应该每个月都不时地相聚，在各种比赛友善的竞争中碰撞他们的体力和智慧。让人们通过比赛来相互了解吧，他们的运动员精神不会轻易退化为竞争性的毁灭和欺骗，而后者被政客们鼓吹为“我们民族荣誉的卫士”。

教育

这种将性本能转移到艺术和游戏中的做法（这很久以来就被用在个人身上，并期待着应用到群体之上），应该从小抓起。这样，如果我们的社会研究协会承担这项任务，这种做法就能牢牢地与教育方法和目的这一具有广泛社会意义的问题结合起来。

我们几乎随时都会听到人们对启蒙的呼唤，随地都能看到人们对解决问题的诉求。可人们谈了太多主义而缺乏必要的知识。大多数教师，还在使用连他们自己都认为已经过时的方法教育学生。他们所教授的科目，连他们自己都承认与绝大多数学生未来的需求毫无关联。令人好奇的伦理学是允许被教授的，但很少在课堂上被实践，这使得一些有自主意识的孩子逐渐相信违纪是英勇行为。那些朝气蓬勃、活力四射的男孩女孩被限定在座位上，连续坐好几个小时。而比一篇哲学博士论文还要枯燥乏味的知识，像水疗一样，被从书本里抽出来再挤压进孩子们的脑袋里。类似的例子还有，对学校的控诉铺天盖地，多到无以复加。尽管人们对学校怨声载道，但没有人做任何系统化的努力找出问题的本质、根源以及补救办法。人们做了很多实验，但实验结果和影响从未被完整地记录下来。

假定我们的社会研究协会可以任命一个教育委员会，并聘请专业调查员对教育界出现的各种问题进行彻底的调查。在此，哲学的作用就清晰了，因为教育者在几乎每个问题上都触及了种种价值观问题，无论是关于个人的，还是关于社会的，而这正是哲学家的专业狩猎场。在此，哲学的重要性被认可了，但生物学和病理学的重要性却还没有被恰当地认识到。如果有必要，为什么不能组织一个特殊的团体，花上几年的时间研究几门科学在教育上的适用性？为什么不把所有触及人类天性的科学知识，都聚焦于教育者耕耘的半黑暗领域？

在这个领域，有两个特别的问题有待研究。一个是关于由政府控制的教育系统对国民性格和能力的影响问题。我们可能记得斯宾诺莎曾说过，政府对学校的控制，旨在束缚而不是发展人们的能力。康德也就此发表过看法。在统治阶级看来，教育的功能是让人们胜任技术性工作，而不是胜任创造性工作（因为创造性思维天然具有破坏性）。在政府看来，教育的功能是教导人们上帝忘记教给摩西的第十一条诫命：你们应该爱你们的国家，无论它是对还是错。当然，正如国家历史教科书所示，所有这一切都需要对真相进行一些微妙的解释。看来，无知的人是国家之船上不可或缺的压舱石。

这类学校的替代性选择，似乎是重返私立教育。比起现在的公立教育，接受私立教育的富家子弟，能比穷家子弟获得更多的机会。这两种方式之外，是否还有第三种选择？或许，我们通过坚定的努力，就能发现澄清这个问题的真相。这种由政府调节的教育，能对个人差异和创造精神做些什么？接受这种教育的男人和女人，能否在艺术、思想和工业领域做出最大的成绩？又或许他们会成为机器人，总是在等待指令？如果公立学校把教育完全局限于事实的陈述和科学的展示，并把“性格塑造”和伦理学课程留给私立学校或机构，是否会产生不同的结果？在这种情形下，至少每位家长都可能用溺爱的方式毁掉自己的孩子，也有可能使更多的孩子不会被毁掉。

另一个稍加努力就可望解决的问题，是向那些想要接受高等教育但又因太穷而付不起学费的人提供高等教育。有些超越社会科学的研究，与其说是帮助一个人走出课堂，成为一个势利小人，不如说是为了更好地了解他自己和同伴。既然相互理解是一种毫不夸张的社会利益，为什么不能找到一种方式，为所有希望在晚上接受历史、社会学、经济学、心理学、生物学、哲学和类似知识领域的教育的人提供帮助？每一位在这些问题上接受指导的公民，都是社会的新资产，他将以更丰富的智慧来投票，他将以更好的合作来工作，他将不再受社会狂热波动的影响，他将提示所有求职者把他们通常的胡说八道束之高阁。也许，通过这一媒介，我们的协会也将传播其报告并扩大其影响。假定有一个受过这些科学教育的民族，有了这样一个民族，文明就会发端。

然后，我们这个忙碌的协会再一次把研究之灯投向大学，并对投射目标略加指点。此举将暴露各科学间缺乏协调的弊病。例如，心理学系从来没有同经济系有过交流，它可能会要求增加现在罕见的边缘重叠的院系之间的研讨会和会议，或促使这些院系共同研究某个领域。它会要求大学少回顾过去的成绩，并协助其展望未来。它会建议每所大学提供一个开放论坛，让所有人畅所欲言。通常，作为智慧组织的一部分，它需要一个更好的科学组织，它会提醒各大高校它们比政府部门更有活力，它或许会让每个机构在大门上刻上托马斯·霍布斯的名言："大学是公民和道德伦理的基础，传教士和士绅们从大学吸取养分并提供给众人。所以，大学理应受到更多的关怀以保持其纯洁。"

第九章

读者的话

现在，我们停下来，听听反对的声音。

“这是一个愚蠢的计划，是服务于新祭司和新贵族的计划。这个计划，将使一群大学教授和毕业生几乎可以为所欲为。你以为你提醒绅士们，他们必须局限于对事实的陈述就能避免这一问题。但是，如果你了解新闻业的艺术，你就不会把发表意见和陈述事实做如此天真的区分了。当一个人买下一家报社时，他想做的与其说是控制社论，不如说是‘编辑’新闻，也就是选择要出版的事实。你可以在不说谎的情况下散布谎言，这真是太好了。例如，如果你想伤害一个公众人物，你会引用他所有愚蠢的演讲而忽略他的明辨是非，你会把他的错误放在头条新闻，并把他的成就隐匿在犄角旮旯。只需要陈述事实，我就肯定能证明任何我喜欢的或我不喜欢的东西。你们的社会研究协会也是如此，它将成为一个伟大的政治组织，而不是一个教育组织，它不自觉地选择符合自己喜好的信息。为什么这件事在心理上是不可能的？如果你想证明某件事情是真的，你就会对有违这一欲望的信息视而不见、充耳不闻，这就是我们被塑造的方式。即使自然法则不会如此运作，金钱也必定会如此运作：一旦你们的协会对公众舆论行使了真正的权力，它就会被某个经济集团以一种温和的、狡猾的方式收买。一些更有影响力的协会成员将会被‘接近’，一些‘礼物’将会被送出，而正义将会受到另一种力量的抗争。不，你们的协会不会这样做的。”

好，让我们瞧瞧。协会里有 5 000 人，即使是美国的百万富翁，也只能收买其中相当一部分人。例如，他们希望调查节育问题，他们做了什么？他们在没有提名的情况下，投票选出他们中的 6 个人来管理调查，获得最高票数的 6 个人进行调查，并写出一份报告。现在，如果有任何报告错误地陈述事实，或遗漏重要的事项，有关过失便会立即削弱协会的声誉和影响力。只要公众怀疑这些报道是有失公平的，协会就会衰落。这就是说，协会的权力会随着它的公平而增长，随着它的不公平而下降。这是一种令人非常愉快的安排。对影响力下降的恐惧，将是公正报道的最佳诱因。每个委员会都会觉得，协会的未来取决于其报告的公正性。每个委员会中的每个人都会谨慎，并会对协会的名声负起责任，他会觉得自己在其他成员面前受到审判，并会在自然陷入的偏袒中止步不前。

这并不是说协会成员总能成功，人就是人，总会出错。但是，可以合理地期望，在这种条件下工作的人会比一般的报纸公正得多。再说一遍，谁能与科学家一样不偏不倚？没有对个人程式化的严格控制，人们就不能在科学上有所成就。例如，正如人们希望的那样，描述原生动物并不是在原生动物学中获得声誉的非常聪明的方法。在社会上，这不像在物理科学中那样正确，尽管在这一新领域，科学的公正性和准确性也在迅速提高。人们可以从科学调查人员那里得到关于工业形势的更可靠和更公正的报告，而不是从争论的任何一方获得。学生类型的缺陷——缺乏做出决定或采取有效行动方法的能力，涉及对理解的补偿性把握和态度的公正性。我们对不诚实的最好保证，不是美德，而是智慧，而我们的社会被认为是一种经由提炼的智慧。

这项计划带有贵族的品位，但这一点并未损害它的信誉。我们需要贵族，以便用更好的方法来衡量优越的大脑。在我们的民主制度中，我们需要一点儿柏拉图哲学。毕竟，正如我们此前所说，该计划的实质是柏拉图、尼采和卡莱尔的民主化，智者获得更多的政治权力，但只能通过民主机制来获得这种权力。智者拥有更大的权力，不是因为他有更大的自由去做他喜欢做的事，纵使他获得了多数人的支持，而是因为他改善了启发和改变多数人的信仰的基础性机制。在理想情况下，民主只意味着贵族定期选举和更新，而这是贵族（真正最优秀的群体）更应该清楚地了解的计划。此外，这一计划避免了柏拉图计划的重大缺陷——哲学家不适合做行政和管理工作，那些善于观察的人很少适合做这类工作。在这里，哲学家，即掌握真理的人，实施统治，但只是间接统治，并不直接担任管理职务或执行使命。事实上，统治世界的不是哲学家，而是真理。解放者被加冕为王。

作为布里丹之驴的教授

“你已经预料到我的反对意见，并巧妙地把它变成一个论点。但这是一种过于简单的回避，你必须更加坦率地面对这样一个事实：你们的教授仅仅是知性的高人，无法理解我们的社会战争所涉及的真正问题，更无力提出切实可行的解决办法。你看得越多，你看到的就越多；你看到的越多，你所做的就越少。你认为反馈会让你心平气和，但不会，它只会让你的思想支离破碎。知识分子就像布里丹博士的驴子：他们非常小心地站在中间，从不给出一条实用的建议，唯恐这样会妥协并打破三段论的论断。问题在于我们想得太多，而不是太少，我们把思考当作行动的替代品。事实上，正如卢梭所言，思考是不自然的，世界需要的是那些能够拿定主意，然后几乎是盲目地朝着目标前进的人。我们知道的够多了，我们知道的太多了。当然，我们还有过多的调查委员会。委员会只是一种不做任何事情的机构。你们的计划将使全国各地充斥着委员会，并把勇气埋没在事实之中。你们应该把你们所在的组织叫作'空谈协会'。"

这一论点的唯一缺陷是它没有触及提案。它所建议的并不是协会采取行动或制订计划，更不要说执行这些计划。我们仅仅是为了更广大的公众而要求我们的教授有所作为，更彻底和更系统地为学院和大学中的少数人提供服务。按照此前的假设，行动是安排给其他人的，研究人员的作用很简单，就是观察并告诉我们他看到的一切。不管他是个夸夸其谈的人，还是一名知识分子，甚至是布里丹博士的驴子，这并不妨碍他观察，从来没有人认为布里丹博士的驴子是瞎的。

我们忘记了，观察本身就是一门艺术。我们中的一些人专门从事艺术，因而他们在实际事务中自然不能发展出聪明才智。不过，这并不表示我们的特殊才能不能为社会所用，正如奥利弗·洛奇爵士对天文探索的爱好令我们拒绝他从事电力方面的工作一样。思考本身就是一种行动，尽管不是最简单也不是最有效的行动。的确，“如果你想得太多，你永远不会有所成就”，但如果你想得太少，你的成就也必定有限。我们只有一步一个脚印走下去。

没有先见之明的行动，往往奉行直线策略。但在生活中，直线往往是两点之间最长的距离。因为，正如达·芬奇所言，直接策略受阻最大。思想是迂回的，喜欢从侧翼攻击。行动者是勇往直前的，时而成功，时而失败。有生之年，他希望（如果他活着的话）他可以更多地思考。工业对科学研究的日益依赖，以及政治对专家调查人员的日益依赖，表明世界开始重视专业人士的价值。对智慧的信仰，正如桑塔亚那所说，“是唯一被它的结果认可的信仰”。美国最重要的两个人，就是或曾经是大学教授。更大胆地说，在我们这一代人中，最伟大的个体就是“知识分子”，即研究者和教授。最可怕的人，就是双目茫然的人。

是否需要信息？

“但是你们的整个计划显示出对人类本性的知识非常业余。你们似乎认为，你们可以让人们对你们感兴趣。你们不能做到这一点，因为事实与他们的利益背道而驰。如果事实有利于他们的愿望，他们会对你们感兴趣；如果他们不感兴趣，他们就会忘记你们。世界上最艰难的事情，就是倾听有可能挫伤欲望的真相。这就是为什么人们不会倾听你们的报道，除非你们报道的恰恰是他们想听到的。他们会喜欢你们的生物显微镜，而不是你们的防腐统计数字，这也许是情有可原的。就像他们更喜欢阅读《家庭先驱报》，而不是你们从我们的文人中组织起来的‘相互钦佩协会’推荐的微妙读物。你们可以调查到自己面有菜色，而你们从中得到的一切，甚至不值一枚邮票。公众舆论不遵循事实，而是顺应欲望。人们投票给某人，不是因为某人得到了‘真理’的支持，而是因为某人承诺做人们喜欢做的事情。对大人物许下最大诺言的人，无论事实如何，100 个人中就会有 99 人得到公职。重要的不是真相，而是金钱。”

这是最基本的困难。传播信息值得吗？想想看，欧洲和美国每周传播的信息有多少？而世界仍然一如既往地“邪恶”。正如罗伯特·皮尔爵士描述的那样，公众舆论似乎仍然是“愚蠢、软弱、偏见、错误的感觉、正确的感觉、固执和报纸段落的综合体”——报纸段落尤其如此。我们曾经认为新闻是民主的开端，认为谷登堡解放了世界。现在看来，印刷业和富豪们相处得非常融洽。然而，弱者的希望在于数量和信息，在于民主制和印刷业。“对滥用公共舆论的补救办法，不是诋毁它，而是指导它。”治疗错误陈述的方法，就是更好地陈述。如果报纸被用来散布谎言，我们就没有理由不用报纸来传播真理。毕竟，信息的传播居功至伟——它扼杀了教条，净化了许多婚姻，甚至阻止了战争。而且没有理由认为，进一步的传播无法超越以往任何一次传播。人们常常说，我们倾向于承认这一点，这只是为了避免重复。因此，讨论没有任何效果可言。但实际上，其他任何东西都不会产生任何影响。任何在没有信息和讨论的情况下所做的事情，很快都会被取消，也必须很快被撤销。所有经得起时间考验的事情，都是经过思想的考验而得以留存至今的。所有的问题，最终都是信息的问题：弄清情况，是获得任何成就的唯一最终有效办法。

由于能读到报道的人有限，所以我们不能要求太高。我们没有理由认为大量的读者能读到报道，毫无疑问，这些人将继续过着威尔斯所说的“正常的社会生活”。但是这些人并不是出于建设性的目的，他们平均分布在每次选举之中。那些真正起作用的人，如地方领袖、牧师、演讲者、教师、工会官员、报业人士、“煽动者”、反叛者首领和保守党首脑，所有这些人都可能读到这些报道。这些报道会使其中一些人力量得以壮大，也会使另一些人力量被削弱，从而使得这些报道在社会变迁中扮演有效的重大角色。这些人中的每一个，都会成为信息继续传播的中心。设想一下，一个新办的全国发行的月刊，会拥有 100 万选举人做读者（一般月刊的发行量约 500 万）。那这样一个期刊会拥有权力吗？那这几百万人会有权力控制这个期刊吗？当然，我们有更多的权力，因为权力并不仅仅集中在几个编辑人员手中。基于他们的智慧和声望，他们不会如此轻易地被收买。那些随时可能被用来控制这样一个有影响力的期刊的资金，足以为我们的协会提供很多年的财政支持。

上文提到的知识传播无法提升整个国家的道德水准和政治生活，这让人很难相信。试想一下，如果一个国会议员得知，在下一次选举时有关他的记录将会以社会研究协会的名义在 100 家报纸的醒目版面刊登出来，那么他在投票时会愈加谨慎。设想一下，一个需要为邮政系统修建高大建筑的城镇，将其人口和规模用平实的语言描述出来，这将会在多大程度上影响国会对这些公共建筑的拨款呢？据说，公布信息是防止不良动机实施的唯一有效手段。设想一下，这样的报道，将会对无处不在的政治讨论产生什么样的刺激？在人们对事实不甚了解的地方，纷争才会出现。只有最新的信息，才能驱散争论的阴霾。人们会争相传阅这些报道，因为它们承诺不会偏离事实。人们会发现，这些报道中没有攻击、没有争吵、没有理论或教条。这些报道，在某些方面令人耳目一新。这些报道冷静陈述事实，消除错误，充满了真理的活力。我们用了太多时间诋毁我们厌恶的东西，但从未停下来告诉人们我们喜欢什么。假如我们多做些肯定，少做些否定，这个世上就不会有那么多分歧了。提供信息，就是做出肯定。它不是要把争论的口子撕大，而是为相互接触提供机会。在事实的指引之下，相互为敌的人可能会发现，他们的大部分利益都在共同的轨道之上。如果你想化敌为友（愤世嫉俗的人可能会说，化友为敌），就给他提供信息吧。

寻找梅塞纳斯

“好吧，就算你们是对的。就算如你们所言，信息为王。你们打算怎么办？难道你们真的以为你们会得到某位慷慨的百万富翁的资助吗？难道你们真的以为你们会像傅立叶一样，每天中午在房间里等待那个助你们美梦成真的贵人吗？”

对于有钱人，我们往往忘记的是，他们除了是有钱人之外，还是人。令人惊讶的是，他们中有很多人，特别是那些继承了财富的人，渴望将自己的大部分财富回馈社会。如果他们的捐赠不被私吞，就更好了。单纯的慈善，用亚里士多德的话来说，就是把水倒进一个漏水的木桶里。这些富人想要的是一种提高智力的方式，他们从严酷的经验中得知，最终智力是一种被渴望和被创造的品质。他们在教育上花费了数百万甚至数千万的经费，而我们的计划，恰恰就是为教育量身定做的。如果我们的计划能付诸实践，那么部分富人会愿意为它提供资助的。

愿意为我们的协会提供资助的，不会仅有一个人。如果我们的协会早期的工作清晰、有效，如果我们最初的调查全面、睿智，如果我们前期的报道公正、简练、有启发性而不拖泥带水，那么一定会有更多的资助不期而至。经过一年的诚实和有效工作，我们的协会将会发现自己得到了一群人的支持，而不是一个人的支持。可以想象的是，在市民的要求下，它可能会发现自己获得了州政府的支持。有什么能够阻止一位州长候选人发表声明，告诉大家，如果他当选，他将保证每年给我们协会拨款？为何这样的声明不能吸引选民？为什么选民不应该要求候选人发表这样的声明？

我们也不必担心，一个在富人和州政府帮助下建立起来的协会，会沦为蓄意阻挠真相的工具。这并不是说这样的智慧组织会变得“激进”：“激进”和“保守”这两个词已经变成诽谤的工具，而真相则从两者之间溜走了。但从这个词的基本意思来看，我们的协会会变得极端激进，因为没有什么是比讲真话以及告诉大家你的所见更激进更富有革命性的了。这肯定就是这件事的核心所在。真相有这样的优势——它具有明显的革命性，它并不与某些旧事物为敌，而恰恰有些新事物在事实的照射下烟消云散了。让事实说话！

我们最终的信念是：只要我们能够获得自由，真理就会使我们自由。让真理公之于众，那些在黑暗中的人将会比以前更清楚地看到彼此和明白彼此的目的，并有更清醒的理解。你能对邪恶所做的最具毁灭性的事，就是描绘邪恶。让真理公之于众，寄生虫会因羞愧而失去力量，卑鄙者会无地自容。只有将信息自由地提供给所有人，才能净化我们民族的血液。敌意将屈服于公开和诚实的反对，我们与之分道扬镳。我们需要的只是看得更明白。让阳光普照吧！

哲学的机遇

“在你们接受赞助之前，我再提一条反对意见。那就是，所有这一切，与哲学究竟有什么关系？我可以理解，让经济学家、生物学家、心理学家和历史学家加入你们的调查委员会是明智的，但哲学家能做什么？这是社会科学的问题，而不是形而上学的问题。把哲学家排除在外，我们中的一些人才会认真对待你们的计划。”

这个异议很好，仅仅因为它又一次表明我们需要一种新类型的哲学家。提出这样一个异议，无疑又强化了对哲学家本身的指控。但是，这位哲学家应该是怎样的人呢？

这样的哲学家该是什么样的呢？

好吧，首先，他应该是一个生活在现代的人，而不是一个寻章摘句的老雕虫。他自由发展，他非凡的具有原创性的思想火花，并不会被学术教条和学术研究的顽固性浇灭。他不接受任何布道，但他强烈的好奇心会让他从他的导师那里找到精神食粮和鼓励。他会生活在乡村和城市，并学会热爱它们；他会在耕耘的田野和学习中心舒坦自在；他会喜欢树林中的清静孤独，但也喜欢城市街道的热闹喧嚣。他吸取了柏拉图和修昔底德、达·芬奇和米开朗琪罗、培根和蒙田的思想养分，他会研究希腊文明和文艺复兴，会把政治、经济和制度的历史与科学、文学和哲学的历史融会贯通，同时他还会抽出时间对自身的时代做细致的研究。他热爱生活并充满生活气息，他会积极参与社会运动，谨慎地影响他所认可的社会活动，使这个时代能够实现更多的可能性。他不会闭门造车，他的活动范围要远远大于实验室、图书馆和报告厅，他将非常地入世和接地气，他不会空谈抽象的理想而不做任何实际的事情。他最憎恶的世事，莫过于逃避冒险和责任。他不仅热爱智慧，而且会运用智慧。

但是，我们不能让理想的哲学家完美得令人生厌。让我们至少同意这一点：一个人应该懂得社会规则，而不仅仅是懂得一门科学，这样的人将有助于我们完成这样或那样的事业。如果我们假设，他不仅有知识而且有智慧，他对科学事实的熟悉与他对生活的知识相匹配，通过与希腊和佛罗伦萨的天才们的友谊，他获得了丰厚的智慧，且在生活的滋养下日臻完善。这样，我们就会明白，这样的人就是我们协会最需要的。这样的哲学家，才配得上引领世界的科学研究和思想启蒙。这样的哲学家，对当代的重要意义，堪与苏格拉底、柏拉图和弗兰西斯·培根对他们所处时代的意义相提并论。用尼采的话来说，这样的哲学应该统治世界！

这就是哲学的机遇。哲学可能继续逗留在毫无社会效力的死寂之中，日渐沉沦。或者，几位坚持关注生活的哲学家可能会联手，因而可以使哲学重新站稳脚跟。除非哲学已经站稳脚跟，否则世界上所有的生命都将是有缺憾、无结果的——我们称为逻辑断裂的生活；除非哲学已经站稳脚跟，否则哲学本身也是逻辑断裂、咬文嚼字和徒劳无功的，并且与人们迫切需要的生活脱节。我们中有一些人，甚至包括一些哲学家，他们非常愿意停止诡辩，转而进行讨论，不再批判，转而建设，走出书本，走进生活。我们必须善于发现这样的人，令他们崭露头角；我们必须用我们的绵薄之力，来促使他们更强大。

哲学是如此超凡脱俗，所以不应该把它与创造最神圣的事物这件事分离开来。有些人珍爱哲学，并将它视为生命中不可或缺之物。哲学是重要的媒介，没有它，生命将卑微如草芥。只要哲学家这个称谓如柏拉图般享有盛誉，我们必将孜孜以求。科学日益兴旺，而哲学却日渐萎缩，因为科学诚实而哲学谄媚；因为科学触及生活并为生活提供帮助，而哲学却胆怯无助地袖手旁观。如果哲学要重生，它必须重新发现生活，必须重拾初心，必须从所谓的“真实”和先验世界回归现实，并勇敢地参与到艰难困苦、酸甜苦辣的生活中来。

这，就是哲学的机遇。

第十章

结　论

现在，总而言之，我们只是提出非常谦逊的建议，尽管它看起来可能只是夸夸其谈。我们提出了“无主义”，我们没有制订计划，我们初步提出一种方法。我们提议一项新的开始、一项新的方针、一种新的办法——这不是排除其他办法，而是为它们提供协助。我们应当这样做，这并不意味着其他追求更美好世界的人将无所事事，相反，它会给那些在黑暗中行走的人以光明。另外，这将使重建思想流中的不同潮流，并使它们进行更慷慨的合作成为可能。

我们今天有点儿泄气，我们的新情人，已对我们所爱的对象产生了怀疑。也许（我们有时觉得）所有这些努力都是在薄雾中徘徊的徒劳；也许，我们并未前进，只是在移动。我们对进步的信心变得黯淡了，我们甚至厌倦了“社会问题”。我们尝试了那么多方法，敲响了那么多扇门，却发现我们所获是如此之少。有时，在错误的努力和沉闷的失败中，我们几乎认为，社会问题永远不会找到哪怕是部分解决的办法。它不是一个问题，而是一个限度，永远都是一个限度。我们需要一个新的开始，一个新的动力——或许是一个新的错觉？

也许我们已经看到，五位哲学大师的思想是如何集中和联系在这种新的方法之中的：除了仔细地重申苏格拉底对智慧的祈求、柏拉图对哲学家国王的期望、培根对知识组织和统治世界的梦想、斯宾诺莎对以民主为发展途径的温和坚持，以及尼采对贵族和权力的热情辩护之外，我们还做了什么？柏拉图提出的哲学概念，既能指导我们的社会生活，又能剖析我们的社会生活，我们心里有了激动的感觉。但在他以奴隶制计划作为一切的基础面前，我们还有些犹豫不决。我们觉得，我们宁愿自由和痛苦，也不愿被束缚和灌输。如果一个人的脚被拴住了，而且他决不能移除枷锁，那么他为什么要养活自己？我们也受到这样一种要求的鼓舞，那就是最优秀的人应该担任统治者，他们的权力应该与他们的价值相匹配。我们应该很高兴地找到一些办法，使最优秀的人能够拥有权力，能够担任统治者，并求得所有人的赞同——我们希望有一个得到民主认可的贵族阶层，一个建立在自由公民和广泛合作的宽泛基础之上的社会秩序。苏格拉底展示了如何利用培根来调和柏拉图和尼采与斯宾诺莎：智慧将组织智慧，使更高的价值具有更高的影响力，并与所有人的意愿相向而行。

在讨论结束时，我们中的一些人可能会不止一次地想：教会能为智慧组织做些什么？教会可以做很多事情。它拥有权力、组织和设施，通过这些权力、组织和设施，通过“有智慧的道德义务”这一福音，向更广泛的受众宣传，而任何报纸都无法做到这一点。在神职人员中有数以百计的年轻人，他们心怀民主的愿望，并从耶稣的形象中找到新的灵感。数以百计的人，渴望在任何能减轻人们痛苦的工作中尽自己的绵薄之力。如果他们在这个智慧组织中发现了他们工作的焦点呢？如果他们不仅自己进行学习，以适应他们的协会会员身份，还鼓动所有可能向他们寻求指导的人的探索精神，鼓动他们虔诚地阅读协会的报道，号召他们把真理的好消息应邀传到国外去，那该怎么办？如果这些人把他们的教会扩展中心用于协会的教育工作，让他们自由地使用他们的会堂，甚至为组织课程和支付技术指导的费用做出贡献，那又会怎样？如果他们在智慧的传播中看到耶稣如此热情宣扬的博爱的最佳途径，那又会怎样？还有什么比让人们彼此理解更好的方法来使人们彼此相爱呢？只有澄清才能带来真正的澄明，就像“仁慈”不过是理解的正义。当然，所有邪恶的根源，都是没有能力看清真相。宗教与邪恶做斗争，还有什么比宣讲澄清作为社会救赎的开端更好的方法呢？

拖累灵魂的众多负担之一，就是对过去的了解。只有坚强的人，才能懂得历史，勇往直前；只有伟大的梦想，才可以面对现实，面对生活。我们看着那些被称为文明的难以捉摸的实验：我们看到它们一个接一个地崛起，我们看到它们生产、生产再生产，我们感觉到它们积累的财富的重量。我们看到天才的忙碌，和垒石的奴隶建造参天的金字塔；我们听到苏格拉底在集会中的呐喊；我们看到柏拉图静静地穿行于小树林的学生之间；我们看到罗马竞技场烈士们惨白的面孔仍在萦绕。然后，我们看到，金字塔光秃秃地矗立着，希腊天才们的声音沉寂下来，竞技场只余毁灭和记忆。这些伟大的民族，一个接一个地逝去。这些伟大的民族，也许比我们这个时代的民族更伟大、更聪明、更高尚。我们几乎为覆盖世界的巨大但无益的沉重感觉所窒息。我们中的一些人离开了努力的竞技场，听天由命地寻求活死人的慰藉，另一些人则在怀疑和困难中找到工作的热情和回报。毕竟，过去并未死亡，也并非失败，唯有它的邪恶已经死亡，随着时间的流逝而消逝。那些伟大而有价值的生命和工作，是真实存在的。柏拉图仍然在对我们说话，对我们千百万人说话。烈士的鲜血，正是圣徒的种子。我们说话，我们死亡，但言辞永存。努力不会白费，放弃尝试，才是唯一的失败，唯一的痛苦。所有的努力都是幸福，所有的努力都是成就。因此，我们再一次用书本、石头和色彩书写自己，并微笑面对时间。我们再次听到工作的号召，并完成工作：

等待思想魔法的伊甸园，
渴望艺术之手轻抚美好，
真理渴望被感知或认知。

我们又一次充满追求完美的激情。我们将重生。我们会惊奇、渴望、梦想、计划和尝试。我们就是梦想者、计划者和尝试者。我们失败的荣耀，使太阳的光辉黯然失色。我们将思考，百尺竿头更进一步。我们以智慧淬火，百川归流。我们将汇聚百家，百家争鸣。我们将重生。